ヘンな名湯

ひなびた温泉研究所ショチョー　岩本 薫

みらいパブリッシング

とにかく、とにかく、ヘンなのだ。

だって、いったい誰が車の整備工場や電気屋さんに温泉があるなんて思う？　誰が、どう見ても廃墟にしか見えないところに温泉があるなんて思う？　誰が、白装束のマネキンが立っている怪しげな宗教施設の祭壇の裏に温泉があるなんて思う？

ところが、ところが、あるんだなぁ。しかも、ヘンなんだけれども、温泉はすこぶるいいときているわけで、どっこい、世界はまだまだ謎に満ちているのだ。

名付けて「ヘンな名湯」。

「ヘンな名湯」は、ヘンでも、いい湯だから、ヘンなままで許されている。いや、ヘンゆえに愛されているといったほうがいいかもしれない。だから、みなさんも、この本に載っている「ヘンな名湯」に行ったならば、まずは「ヘン」なところを楽しんでもらいたい。「ヘン」は楽しい。「ヘン」は愛おしくなる。みなさんだってお好きでしょ？

「ヘン」なものが。

そしてまた「湯」を堪能してほしい。なんてったって温泉ですからね。温泉は湯こそが命。で、この本に載っているほとんどの温泉は、観光客向けではなく、地元の人が愛している温泉だったりする、つまりは、地元のみなさんが毎日楽しみにしている湯なのだ。ほら、食べ物屋さんだって、観光客向けのとりすましたお店なんかよりも、地元の人に人気の大衆食堂のほうが断然おいしかったりするでしょ？　あれとおんなじ。**どの湯もすばらしい湯ばかりなんで、**その湯をぜひとも体で堪能してみてください。

「ヘンな名湯」のテーマのもとに、フツーじゃない温泉ばかりを追いかけたこの本を読んだあなたは、もう、フツーの温泉じゃあ物足りなくなっちゃうかもしれない。でも、いいじゃないですか、それならばそれで。そのほうが、たぶん、人生だって楽しくなると思うから。

というわけで、みなさん！

ようこそ、「ヘンな名湯」の唯一無二なディープな世界へ！

ひなびた温泉研究所

ショチョー　岩本　薫

ヘンな名湯♨ もくじ

今日もヘンな名湯求めて、東へ西へ！

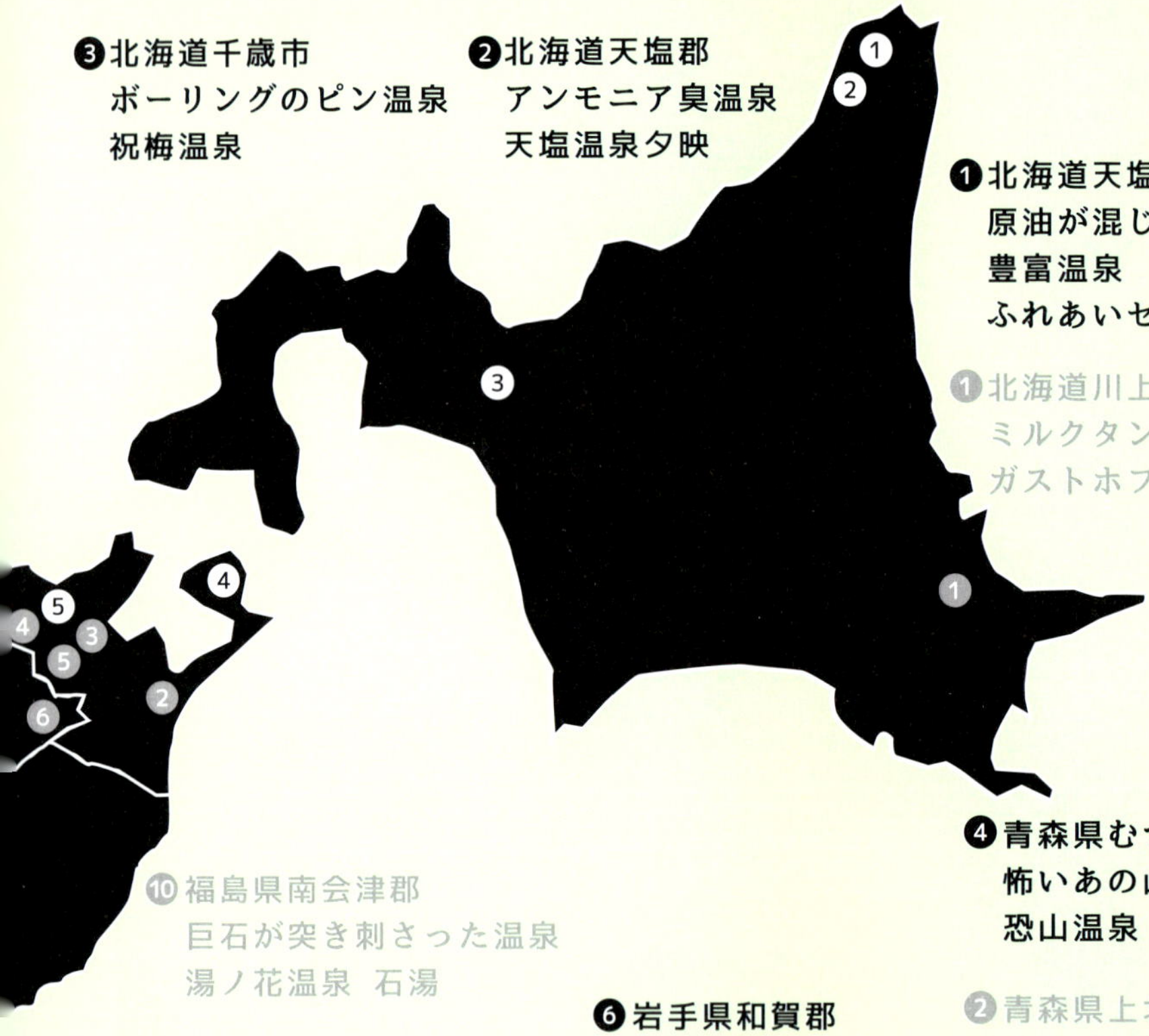

❸北海道千歳市
ボーリングのピン温泉
祝梅温泉

❷北海道天塩郡
アンモニア臭温泉
天塩温泉夕映

❶北海道天塩郡
原油が混じった温泉
豊富温泉
ふれあいセンター

①北海道川上郡
ミルクタンク温泉
ガストホフ ぱぴりお

❹青森県むつ市
怖いあの山の温泉
恐山温泉

②青森県上北郡
すっぽんも育つ温泉
すもも沢温泉郷

⑩福島県南会津郡
巨石が突き刺さった温泉
湯ノ花温泉 石湯

⑪福島県耶麻郡
ビニールハウス温泉
桧原温泉 桧原塾

⑫福島県須賀川市
貼り紙だらけ温泉
ひばり健康ランド

⑬福島県岩瀬郡
ヌルヌルで立てない温泉
新菊島温泉ホテル

❿栃木県那須郡
アルマゲドン温泉
老松温泉 喜楽旅館

⑭栃木県日光市
屋形船温泉
鬼怒川温泉
鬼怒川仁王尊プラザ

❻岩手県和賀郡
食堂の温泉
巣郷温泉 でめ金食堂

⑨山形県西置賜郡
間欠泉と入る温泉
湯ノ沢間欠泉 湯の華

❼福島県南会津郡
電気屋さんの温泉
会津みなみ温泉 里の湯

❽福島県田村市
魚屋さんの温泉
丸一魚店 美山富士の湯

❾福島県いわき市
漁業用コンテナ温泉
二子浦温泉

あるあるある！
日本全国あちこち
ヘンな名湯が！

ぜんぶ制覇したい！

ヘンな名湯 全国マップ

薄いグレー表記の温泉は、今秋発売予定の「続ヘンな名湯」で取り上げる温泉です。
※内容が変わる場合があります。

❻秋田県鹿角市
アパート温泉
十和田大湯温泉 白山荘

❼秋田県男鹿市
なまはげプシュー温泉
鹿温泉郷 元湯雄山閣

❽岩手県和賀郡
金ピカ縁起もの温泉
湯川温泉 高繁旅館

❺青森県つがる市
自動車工場の温泉
光風温泉

❸青森県青森市
競輪場の温泉
青森競輪場温泉

❹青森県弘前市
株式会社温泉
百沢温泉

❺青森県平川市
バスクリン温泉
新屋温泉

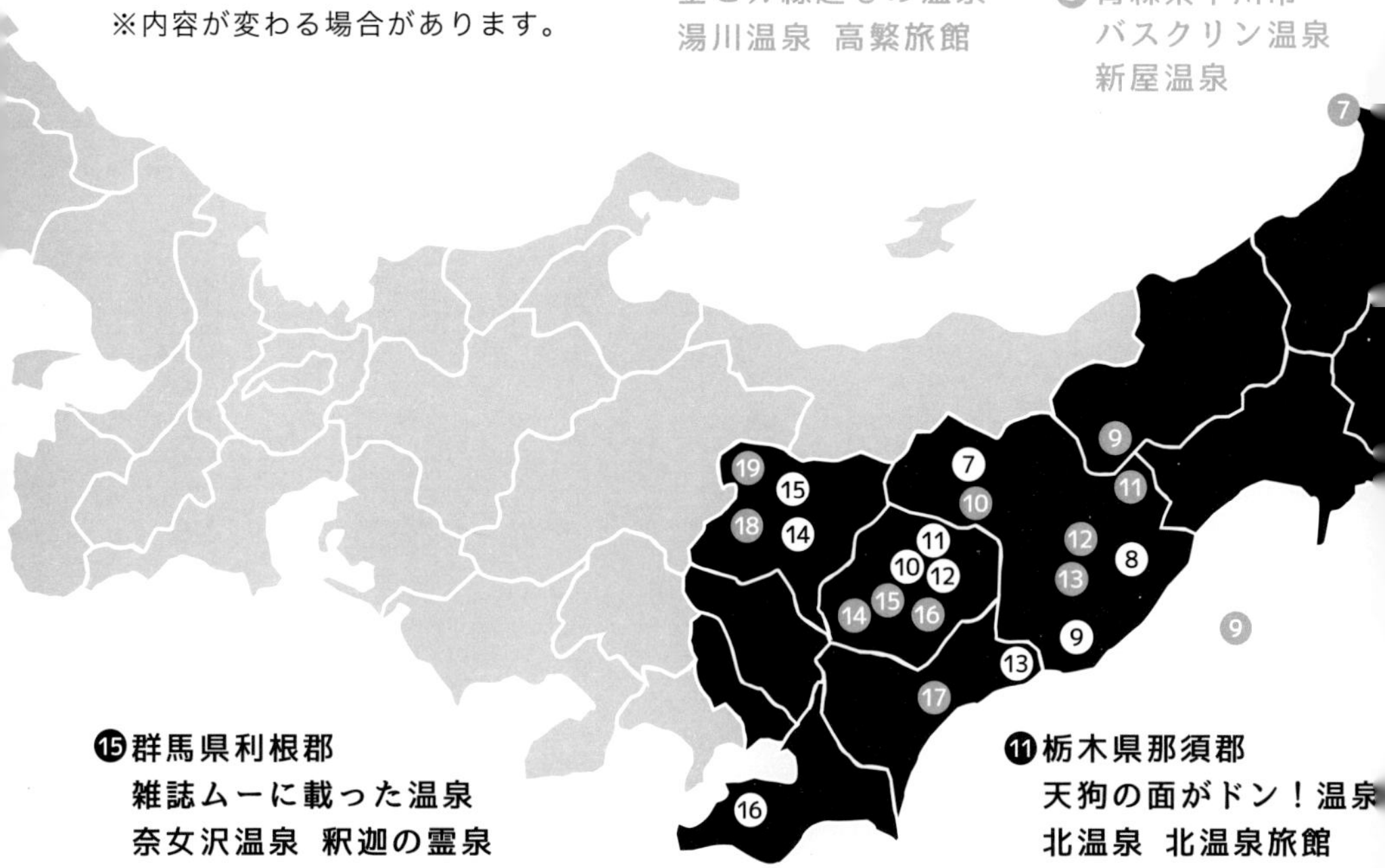

⓯群馬県利根郡
雑誌ムーに載った温泉
奈女沢温泉 釈迦の霊泉

⓲群馬県渋川市
蕎麦を食べると無料の温泉
伊香保温泉 政五郎の湯

⓳群馬県吾妻郡
猿のこしかけ温泉
万座温泉 湯の花旅館

⓰千葉県館山市
じっちゃんの温泉
正木温泉

⓭茨城県北茨城市
トマトジュース温泉
湯の網温泉 鹿の湯松屋

⓱茨城県常陸太田市
巨大便器温泉
大菅温泉 元湯旅館

⓮群馬県前橋市
じわり系カオス温泉
赤城温泉 御宿総本家

⓫栃木県那須郡
天狗の面がドン！温泉
北温泉 北温泉旅館

⓬栃木県那須塩原市
謎のスフィンクス温泉
ピラミッド元氣温泉

⓯栃木県那須塩原市
気まぐれ墨汁温泉
塩原元湯温泉 大出館

⓰栃木県那須郡
膜張りメッセ温泉
柳沢鉱泉 清水屋

⑲山梨県甲府市
山梨なのに草津温泉
草津温泉

⑳山梨県笛吹市
ラーメン二番目温泉
石和温泉　銭湯石和温泉

㉑山梨県甲斐市
滝のようなかけ流し温泉
玉川温泉

㉑静岡県賀茂郡
学校のプール温泉
祢宜ノ畑温泉
やまびこ荘

㉒新潟県新潟市
石油臭い温泉
新津温泉

㉒新潟県胎内市
巨大親鸞像温泉
西方の湯

㉓長野県上田市
公民館の温泉
大塩温泉　大塩温泉館

㉓新潟県十日町市
おっぱいプシュー温泉
松之山温泉　白川屋
おっぱい風呂

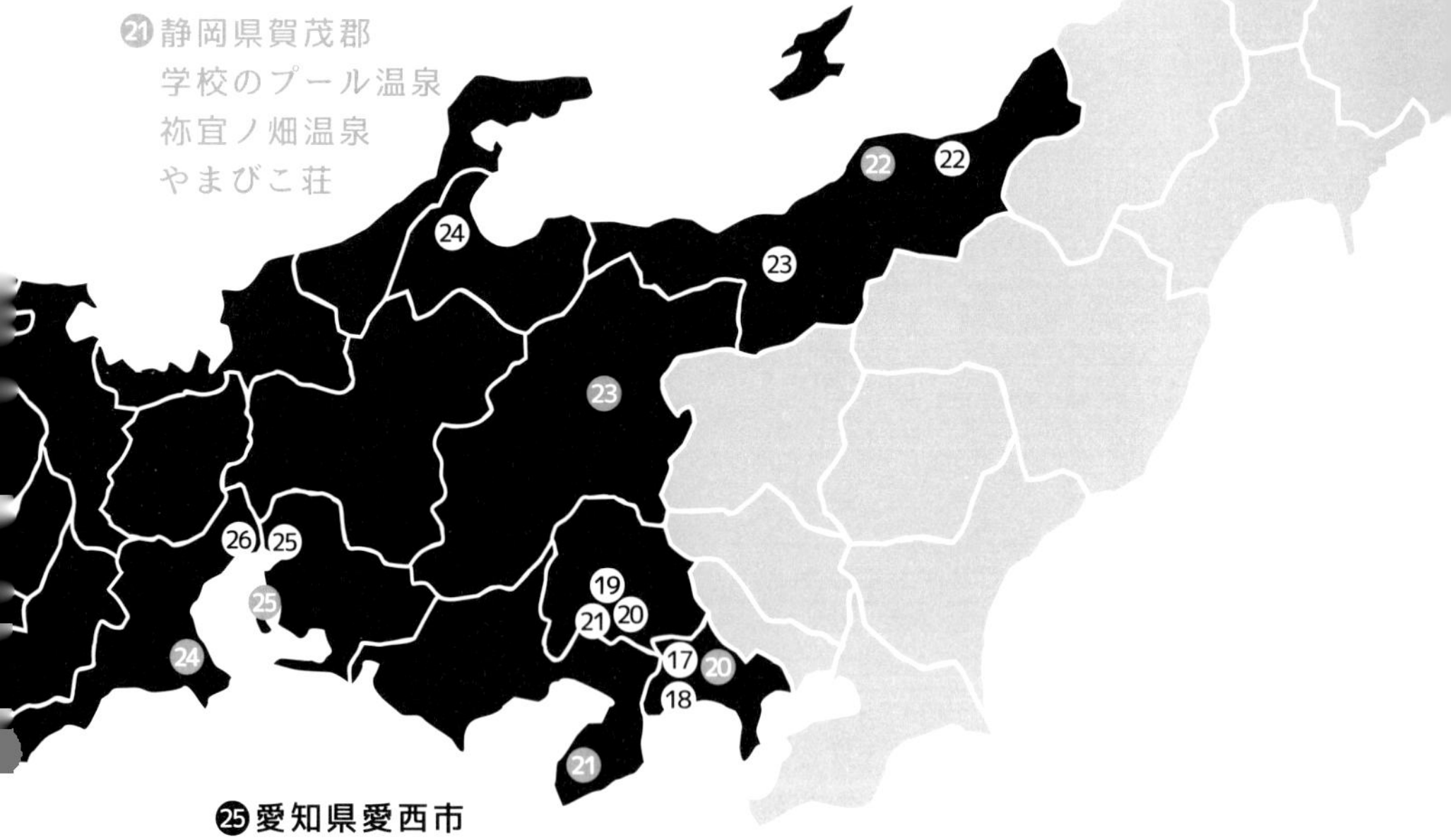

㉕愛知県愛西市
マネかれちゃう温泉
永和温泉　みそぎの湯

㉔三重県松阪市
テニスコートの温泉
櫛田川温泉　魚見の湯

㉖三重県桑名郡
生きた化石温泉
ゴールデンランド木曽岬温泉

㉕愛知県常滑市
ギリシャおじさん温泉
坂井温泉　湯本館

⑰神奈川県足柄下郡
釜飯屋さんの温泉
箱根仙石原温泉　かま家

⑱神奈川県足柄下郡
箱根なのにエロい温泉
箱根宮ノ下温泉　月廼屋旅館

⑳神奈川県厚木市
ゼロ磁場パワスポ温泉
七沢温泉　七沢荘

ぜんぶ制覇したい！

ヘンな名湯
全国マップ

薄いグレー表記の温泉は、今秋発売予定の「続ヘンな名湯」で取り上げる温泉です。
※内容が変わる場合があります。

㉖鳥取県鳥取市
集会所の温泉
鹿野温泉　今市集会所

㉗岡山県苫田郡
工場の温泉
鏡野温泉

㉔富山県砺波市
チンな水没温泉
庄川湯谷温泉

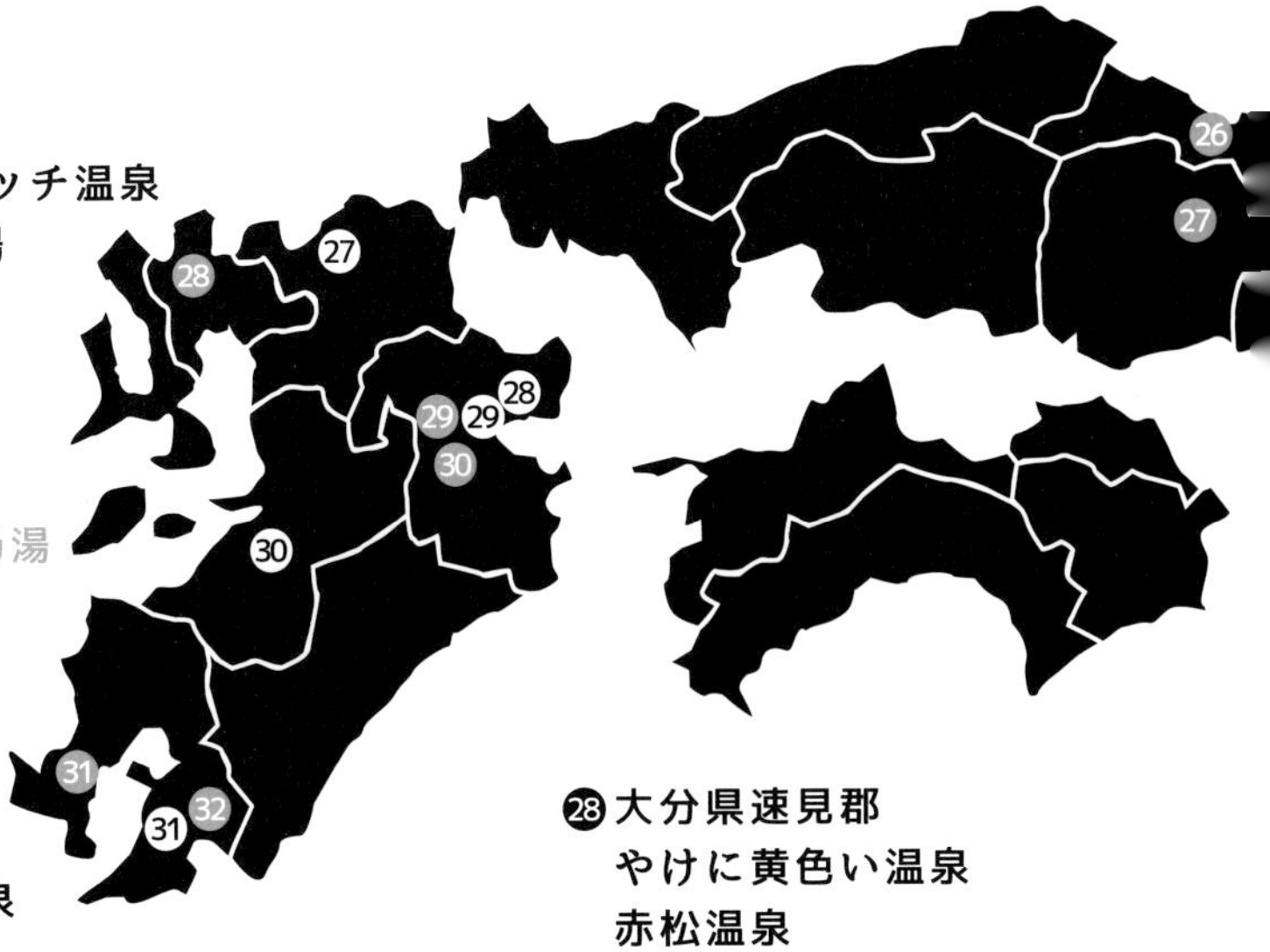

㉗福岡県福岡市
襲いかかるアッチッチ温泉
博多温泉　元祖元湯

㉘佐賀県唐津市
お寺の温泉
妙法寺温泉　飛龍乃湯

㉚熊本県葦北郡
地下の螺旋階段温泉
吉尾公衆浴場

㉛鹿児島県垂水市
牧場の名がつく温泉
テイエム牧場温泉

㉛鹿児島県南九州市
天才建築家系温泉
川辺温泉

㉜鹿児島県志布志市
かまぼこ屋さんの温泉
岡留蒲鉾本舗　安楽温泉

㉘大分県速見郡
やけに黄色い温泉
赤松温泉

㉙大分県速見郡
建築現場温泉
明礬温泉　別府温泉保養ランド

㉙大分県玖珠郡
回転ドアを２秒で抜けろ温泉
大鶴温泉　夢想の湯

㉚大分県竹田市
360度丸見え温泉
ガニ湯

そもそも、なぜ「ヘンな名湯」は名湯なのか？

ヘンな名湯♨

どんな温泉？

「ヘンな名湯」は、ヘンだけではない。湯もいいというのがポイントなのである。だからヘンなところも楽しめるし極上湯も楽しめる。一粒で二度美味しいのが「ヘンな名湯」なんですね。じゃあ、なんで「ヘンな名湯」は湯がいいのか？ それにはちゃんと理由がある。そもそも「ヘンな名湯」は、「そこにいい温泉があったから」というのが前提になっている場合が多い。たとえば、いい温泉が湧くエリアでたまたま自宅用に温泉を掘って使っていたところ、だんだんとその湯が評判になっていったので一般の人に開放した。で、たまたまそこが電気屋さんだったり魚屋さんだったり工場だったりしたというパターン。あるいは、あくまでもそこは地元の人のための温泉で、観光客なんて想定外で、まったく気にしていないというパターン。だから看板がなかったり、粗末なバラック小屋だったりする。もしくは怪しくて近寄りがたい宗教施設やB級スポットや、誰が見ても営業していないと思える廃墟然とした建物。でも、いずれも湯がすこぶるよかったから、いつの間にか噂が広まって全国から温泉マニアがやってくるようになった温泉などなど、そんな温泉だ。

ヘンな名湯

商売的にガツガツしてないし。

これらの温泉が「ヘンな名湯」になるまでのプロセスはさまざまで、ひとくくりにはできないけれども、観光客向けの温泉ではないというところで、ほぼ一致している。観光客なんて呼ぼうとしてない。ようは商売的にガツガツしていない。だからこそマイペースに、そしてユニークなスタイルでそこにある。いずれもお金をかけた宣伝とかではなく、口コミでじわじわと温泉マニアの間に、その湯の評判が広がっていったわけだから、おしなべて信頼できるというわけなのだ。

ヘンな名湯

あなたも温泉版井之頭五郎に！

さて、そんなふうに「ヘンな名湯」は湯がいいわけだけど、いい湯というのは、浸かれば浸かるほどに肌をより敏感にしてくれるのだ。それはあたかも、おいしいものを食べるほどに舌が肥えていくかのように、いい湯に浸かると、肌の感度がどんどん高まっていく。で、感度が高まると、いい湯に浸かるよろこびもどんどん深まっていく。そうなるとしめたもので、温泉巡りもがぜん楽しくなってくるのである。それはもう、「孤独のグルメ」の井之頭五郎が直感を働かせながら、よりディープな店へと向かっていくように、温泉巡りも自分の肌の感度と直感を頼りに、よりディープな温泉を開拓していく。当たるも八卦当たらぬも八卦というわけだ。これに勝る温泉巡りの楽しみはないと思う。目指すところは、温泉版井之頭五郎の境地なのである。

楽しいよ、ヘンな名湯は！

ヘンな名湯

ん？なんか
ヘンだぞ！
梅温泉

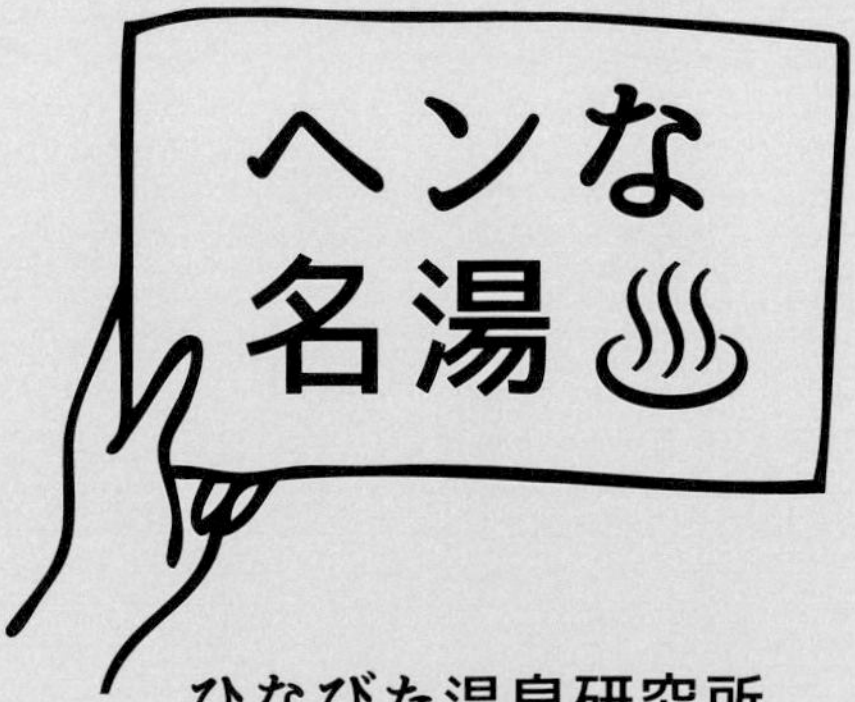

ひなびた温泉研究所
ショチョー　岩本 薫

湯の表面がテラテラ
光っているのはなぜ？
だって、この湯、原油が
混じってるんだもん♡

ヘンな名湯♨

ここなら、おっさんでもピチピチ素肌気分になれるよ！

豊富温泉ふれあいセンター　北海道

原油、なのである。なにが原油なのかっていうと、なんと温泉に原油が混じっているという、驚き桃の木な温泉だ。油臭のする温泉って、実は温泉愛好家の中では確固たる人気ポジションを築いているけれども、原油そのものが混じってるのはかなり珍しいのだ。なんでも石油を掘ろうとしたら温泉が湧いたというのだから、なるほどそれなら原油が混じっていてもおかしくない。というわけで、いってきましたよ、「豊富温泉ふれあいセンター」。

油臭系の温泉は個人的にも大好きなので、期待に胸を膨らませながら浴室の扉を開けると、石油の匂いに、もわ～っと包まれた。おお～これはすごいぞ。大きな湯船になみなみとたたえられた湯の表面が見事にテラテラと光っている。そう、ラーメンのスープのごとく湯全体が油膜に覆われているのだ。う～む、聞きしに勝る光景だなぁ。さっそくその鈍いうぐいす色の湯に浸かってみると、とろりとした浴感がなんとも素晴らしい。湯に浸かっている周りの人たちも「あ～！」とか「う～！」とか思わず声をもらしている。そう、そういう湯なのだ。しばらく浸かって（もちろんボクも「あ～！」と声を漏らした）、大満足で湯から上がると、身体が湯を弾いている。そうか、そうか、ここでは油膜のおかげで、おっさんでも（もちろん、おばさんでもだ！）、まるでＪＫみたいな水を弾くピチピチ素

油膜が張っているから、湯上がりはこれが肌にまとわりついて、おっさんだろうがなんだろうが水を弾くピチピチの素肌に！

肌気分が味わえるのだ。おもしろいなぁ、ここの湯は。

と、大満足できた温泉だったけれど、後日、ひとつ大きな後悔を味わった。ここ「豊富温泉ふれあいセンター」には一般客向けの湯と湯治客向けの湯があって、ボクが浸かったのは一般客向けの湯であって、濾過加水されている。でも、湯治客向けの湯は源泉をそのまま加温しただけで、原油の混じり具合も濃厚でとろとろを遥かに超えてどろどろの浴感なのだという。後でそれを聞いて大後悔！ああ、それを知っていれば、そっちに浸かっていたのになぁ。というわけで、みなさん、「豊富温泉ふれあいセンター」にいったら、まず湯治客向けの湯に浸かってみてくださいね。

嗚呼、湯治用の湯に浸かりたかったなぁ〜

アトピーに効く、全国屈指の湯として有名な「豊富温泉」では「ミライノトウジ」という現代型湯治を推進している。

外観は北海道らしく鋭い角度の三角屋根をいただいている。立ち寄った日はおりしも雪が降る寒い日だったけれど、ここの湯はホント、冷えた身体を芯から温めてくれた。

こちらが湯治客用の湯の入口。こっちに入らなかったのは一生の不覚だった。こちらの湯は源泉をそのまま加温だけしているので、湯に油膜テラテラどころではなく、油がギトギト浮いているそうなのだ。ギトギトですよ、ギトギト。いかにも効き目がありそうではないか。ギトギト。ギトギト。

ヘンな名湯♨

豊富温泉ふれあいセンター
泉質　含よう素 - ナトリウム - 塩化物温泉／含よう素 - ナトリウム - 塩化物・炭酸水素塩冷鉱泉
住所　北海道天塩郡豊富町字温泉
電話　0162-82-1777
料金　510 円
営業時間　8：30 〜 21：00
定休日　元旦

ヘンな名湯♨

ちょ、ちょっと待った！ この匂い、昔懐かしいアレですよね？

天塩温泉 夕映　北海道

目に染みるような
アンモニア臭の湯が
だんだんとあなたを
虜にしていくよ。

ですよね？
ですよね？

世の中にはいろんな匂いの温泉がある。まず、それをいっておきたい。その昔、岡本太郎が「コップの底に顔があってもいいじゃないか」といってたテレビCMがあったけれど、それにならっていうならば「昔の駅のトイレみたいな匂いの温泉があってもいいじゃないか」ということだ。え？　おしっこはやだ？　それはさすがによくないって？　いやいや、それがですねぇ、そう悪くはないのですよ。ほら、ドリアンってあるでしょ？　あれ

とおんなじで、ハマればクセになる。そしてまた、温泉っていうのは、クセのある湯ほど、クセになるっていうのだからうまくできたもので、ここ、「天塩温泉夕映の湯」は、まさにそういう湯だったりするのだ。

浴室に入ると、まず強烈なアンモニア臭が鼻腔を刺激する。しかしそれにはひるまず、広い湯船にはられた赤みを帯びた褐色の湯に浸かってみると、最初は目がしみるほどのアンモニア臭にびっくりするけれど、しばらく浸かっていると慣れてきて、これがまた、だんだんとハマっていってしまうんだなぁ。だってこんな不思議な湯、他にないですから。

そもそも、なんでそんな匂いがするのかっていうと、北海道のような気温が低い地では、植物などの堆積物が完全に分解されないままの泥炭地となることが多いらしく、泥炭地にはアンモニアが多く含まれていることから、そのような匂いになるのだという。温泉の個性はすなわち大地の個性というわけだ。また、ここの湯は塩分や油分も含んでいて、保温効果も抜群ときている。ちなみにここは源泉かけ流しではなく、湯が循環濾過されているけれども、それでこの刺激臭なのだから、源泉かけ流しだったら、もっとスゴいのだろうな。それはそれで浸かってみたいと思わずにはいられない。

そうそう、ここは湯だけじゃなく眺めも素晴らしいのだ。なんてったって目の前には日本海。天気がよければ利尻富士も眺められる。あなたもぜひ、おしっこみたいなアンモニア臭にモワ~ンと包まれながら、雄大なオーシャンビューを楽しんでみませんか?

天気のいい日は利尻富士を望むオーシャンビュー。（アンモニア臭に包まれながら…）

「夕映」っていうだけ
あって、日本海に沈む
夕日を眺めながら、
極上入浴タイムを。

2018 年に全面リニューアルされた「夕映」の館内は、とてもきれい。だから、そんなところにある温泉が、まさかのおしっこみたいな匂いというギャップがまたたまらない。大浴場は和風と洋風があって男女入れ替え制。眺めがよく気持ちのいい露天風呂だってある。

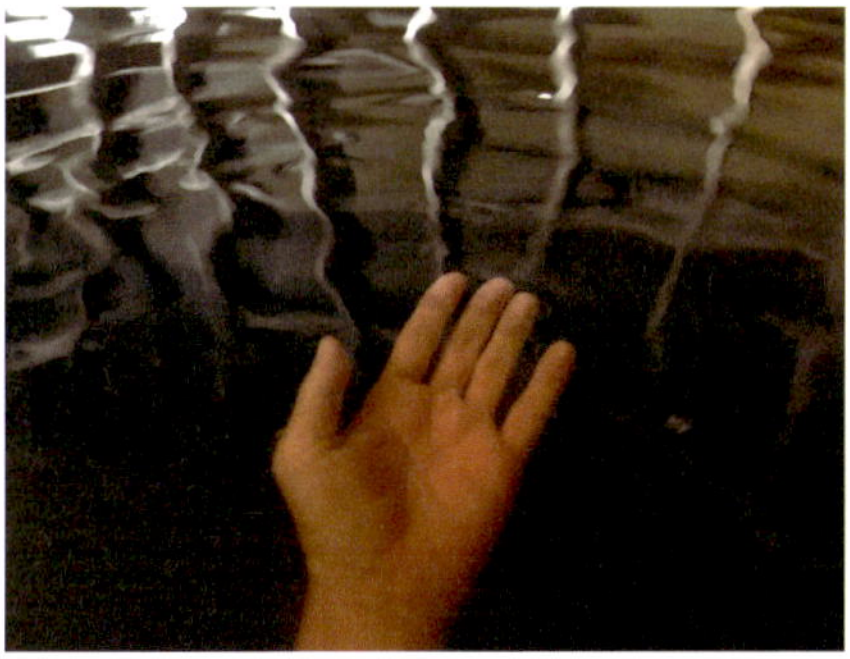

湯はウーロン茶のような茶褐色の湯。海の近くだけあって塩分も豊富に含まれているから、あたたまり感もハンパない。ホント、ここにしかない独特な湯なので、悔いが残らないよう、思う存分、ここの湯を堪能しておくべし！

天塩名物といえば
しじみラーメンだ！
これ、飲みすぎた翌日の
朝ラーにうってつけ！

ヘンな
名湯

また嗅ぎたいなあ、
アンモニア臭！

天塩温泉 夕映
泉質　ナトリウム－塩化物強塩泉
住所　北海道天塩郡天塩町サラキシ 5807-4
電話　01632-2-3111
料金　600 円　宿泊 8,100 円〜
営業時間　11:00〜22:00
定休日　無休

でか！　そして、
なぜボーリングのピンなのか？
そんな疑問があなたを襲う！
傾いているし！
祝梅温泉

巨大なボーリングのピンがあなたを迎えてくれるぞぉ。

ヘンな名湯♨

祝梅温泉　北海道

あ、え〜っとですねぇ、入り口にボーリングのピン、しかも巨大なボーリングのピンがあるのです。そこに、やはり大きな文字で「祝梅温泉」と書かれてあって、つまりはその温泉の看板代わりになっているというわけ。で、それが絶妙な角度で傾いていたりする。なぜ傾いているのかはわからないけれども、だ、大丈夫なのか？　ここの経営状態は？　と、いらぬ心配をせずにはいられない。そもそも、なぜボーリングのピンなのかっていうと、その理由がまた人を食っているのだ。なんでもここの源泉はボーリング（掘削）して掘り当てた温泉なのだそうで、だからボーリングのピンを看板代わりにしているとのことなのだ。つ

まりダジャレというわけで、まったく、センスがいいんだか悪いんだか（でも、ボクは好きですよ、このセンス。しかも傾いているところに只者じゃあない、なにかを感じずにいられない。）そしているところに廃材が積み上げられている。この廃材で源泉を加温しているとのことだけど、それが傾いた巨大なボーリングのピンとあいまって、退廃感満載なB級ワールドをつくりだしている。珍スポ好きにはたまらないだろうなぁ、この光景は。

さて、そんな「祝梅温泉」の湯は熱くて濃厚なモール泉。モール泉というのは植物由来の有機物（腐植質）が温泉に溶け込んだ湯で烏龍茶のような褐色の湯で、これがまたヌルスベ感のあるいい浴感なのである。手づくり感のある浴室もいい味だしているし、湯船も広く、大きな窓からは、湯に浸かりながら外の景色を眺められる。う〜ん、いいじゃないの、やるじゃない、この珍スポ温泉と、図らずも掘り出し物を見つけたような気分になれることうけあいなのである。ちなみにこの「祝梅温泉」は、新千歳空港からレンタカーでヒョイっといける距離にあるから、北海道の温泉巡りの第一発目に寄ってみてはいかがだろうか。

外観は意外とおとなしい。扉を開けると、ボーリングのピンがあったりして⁉
祝梅温泉

しかも
傾いてるで！

濃厚なモール泉！
ビシッとくる熱さ！
たまらん、たまらん！

なぜ？
ピン？
なぜ？
ピン？
なぜ？
ピン？
ヘンな
名湯

濃厚そうな黒い湯は見た目そのまんまに濃い。すばらしいヌルスベ感といい、身体がシャキッとする熱さといい、まさか、あの巨大なボーリングのピンの向こうに、こんないい湯があるなんて！
あのピンがなんか愛おしくなってきたなぁ。

薄暗い浴室から眺める、横長のワイドな窓が切り取る景色も悪くない。ホント、ここは掘り出し物の温泉だ。

祝梅温泉
泉質　ナトリウム - 塩化物・炭酸水素塩冷鉱泉
住所　北海道千歳市祝梅 2142-7
電話　0123-29-2222
料金　350 円
営業時間　14:00 ～ 21:00
定休日　水曜日

恐山地蔵大士
恐山でババンババン
バンバン♪ババンババン
バンバン♪ビバノンノ！
そうだ！　恐山へいこう！
三途川
霊場
恐山

ねぇねぇ、恐山に温泉入りにいこうよ！　って誘われたりしたら、たいていの人は「はぁ？」って思うのではないだろうか。ところがどっこい、あるんだよねぇ。しかも、なんと、境内に温泉がある。

恐山にいったことがある人に「温泉があったことに気がついた？」って聞くと、けっこうな高確率で「え？温泉？　そんなのあるの？」って答える。「ほら、参道の傍に小屋があったでしょ？　あれが温泉なんだよね」「え？　小屋？　あったけ？　小屋なんて……」と、だいたいがそんな感じなのである。

まぁ、つまりは、そんなところに温泉があるなんて、はなっから思ってないから、たとえ、参道の傍にドンと湯小屋があっても、視界に入らない、記憶にさえ

恐山だからって恐れてちゃダメよ。極上湯なんだから。

恐山温泉　青森県

も残らないと、そういうわけなのでしょう。そもそも、なんで恐山の境内に温泉があるのか？　実はちゃんと理由がある。ほら、神社とかお寺とかで、お清めのための手水ってあるでしょ？　意味的にはあれと同じだったりする。つまり参拝の前に身を清めるための温泉なのだ。だから入浴も無料。火山ゆえに良質な温泉がたくさん湧いている恐山だからこそできることだ。

　で、その湯がまた、たまらなくいい。硫黄の香りが芳しい緑がかった湯。日によって白濁していたり透明だったりして、それが素朴でシンプルな湯船によく映える。熱めの湯は強酸性で身体にビシッときて、それが湯の熱さとあいまって、実にいい感じなのだ。長湯できる湯ではない。でも、身体はあっという間に温まる。湯上りのポワ～ンとした極楽気分で賽の河原を散策してみよう。荒涼とした浮世離れした光景がより非日常的に

しい硫黄の香りの湯で、
全身に硫黄チャージだ！
木の湯船が気持ちいいなぁ～

感じられるから。賽の河原を抜ければ、コバルトブルーの美しい水をたたえた宇曽利湖の浜にたどり着く。極楽浜と呼ばれる美しい浜。湯上りの極楽気分で地獄を抜けたら極楽浜にたどり着くなんて、ちょっと出来すぎかもしれない。こんな非日常的な入湯体験ができるのは、世の中広しといえども、ここ恐山しかないのである。ぜひご体験あれ。ホント、忘れられない温泉の思い出になることうけあいだよ。

お寺の参道に湯小屋があるというこの光景は、おそらくここ恐山でしか見られない。思えばなかなかミョーな光景なのだ。

硫化水素ガスが発生する硫黄泉なので窓が開け放たれている。壁には「入浴は 3 分から 10 分程度とし、長湯しないでください」と書かれた貼り紙がある。

硫黄が香る緑がかった湯は、日によって澄んでいたり白濁したり。温泉が自然の恵みということがよくわかる。

ポワァ〜ンと極楽気分で極楽浜を歩いてみよう。

湯上がりは極楽浜を散歩してみよう。浮世離れした美しいカルデラ湖を眺めていると、まさに極楽気分になってくるのだ。

恐山温泉
泉質　含鉄・硫黄–ナトリウム–塩化物泉
住所　青森県むつ市大字田名部字宇曽利山
電話　0175–22–3825
料金　無料（入山料 500 円）
営業時間　6：00〜18：00（5 月 1 日〜10 月 31 日）

あの〜、ここに温泉が
あるって聞いたんですけど、
どこにあるんですかねぇ？
済連指定工場
有限会社光風商会
TEL 42-2519
FAX 42-513

え？ここって
自動車整備工場ですよね？

ヘンな
名湯

光風温泉　青森県

いや、まったくもって油断ならない。「ヘンな名湯」は、ときとしてボクたちの思いもよらないところにあったりするのだから。

青森県つがる市の幹線道沿いに「有限会社光風商会」という車の整備工場がある。どこからどうみても車の整備工場以外の何物でもない。温泉の看板らしきものもまったく出ていない。それなのにここに温泉があるというのだ。

その工場の建屋の奥に行くと、飾りっ気もない建物があって、その入口の扉に「光風温泉」と書かれてある。

ていうか、まず、普通の人はそんな工場の敷地の奥になんか立ち入らないですよねぇ？　でも、そこに温泉があるのですよ。「知る人ぞ知る」とは、まさにこういうことなのだろう。

期待に胸をふくらませて中へと入ると、常連らしきおっちゃんとだべっていたおばちゃんが「お風呂？　二五〇円ね」と声をかけてきた。うん、こういうのって、いかにもジモ泉って感じで、のどかでいいなぁ。

脱衣カゴがおいてあるだけの簡素な脱衣所で服を脱ぎ、浴室へと入ってみたら、まず目に飛び込んできたのは、いかにも湯ヂカラがありそうな琥珀色の湯をたたえた縦長の湯船、そして壁に描かれた恵比寿さまの絵だった。なんか目出度そうな不思議な空間だなぁ。さっそくかけ湯をして湯船に浸かってみると、体にビシッとくる熱めの湯。しかし、ツルツルの素晴らしい浴感だ。そして鼻孔をくすぐるかすかなアブラ臭。塩分濃度も濃く、たちまち体から汗が出てきた。いんやぁ、五能線沿線に点在するジモ泉の湯の評判は聞いていたけれども、こりゃスゴいなぁ。入浴後もなかなか汗がひかない。体もなんだかシャキッとしている。

でも、そっか、思えば、ここは整備工場の湯だもんね。人間の体もこの湯力のある湯で『整備』されるというわけかな。と、そんなふうにこじつけてみたくなるような、湯ヂカラのある湯だった。いやはや、さすがは工場の湯だね！

湯船からザバザバと湯がオーバーフローする豊富なかけ流し。あっという間に身体があたたまる湯ヂカラ抜群の湯！

えべっさんも待ってるよ！

温泉の看板も特にないので奥の方に入っていったら扉に「光風温泉」の文字があった。ジモ泉はこういうガツガツしていないところがいいんだなぁ。なんか、おおらかでね。

光風温泉
泉質　ナトリウム - 塩化物・炭酸水素塩泉
住所　青森県つがる市森田町下相野野田 73-3
電話　0173-42-1496
料金　250 円
営業時間　6:00 ～ 20:00
定休日　第 1・3 月曜休・毎月 20 日

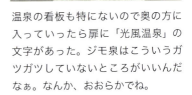

赤いバルブは
さわらないで
ください
え？湯ヂカラ抜群！
これが日常のジモ泉
って、恐れ入りました！

でめ金食堂。ラブリーな名の食堂の、ラブリーな温泉。

ヘンな名湯♨

巣郷温泉　でめ金食堂　岩手県

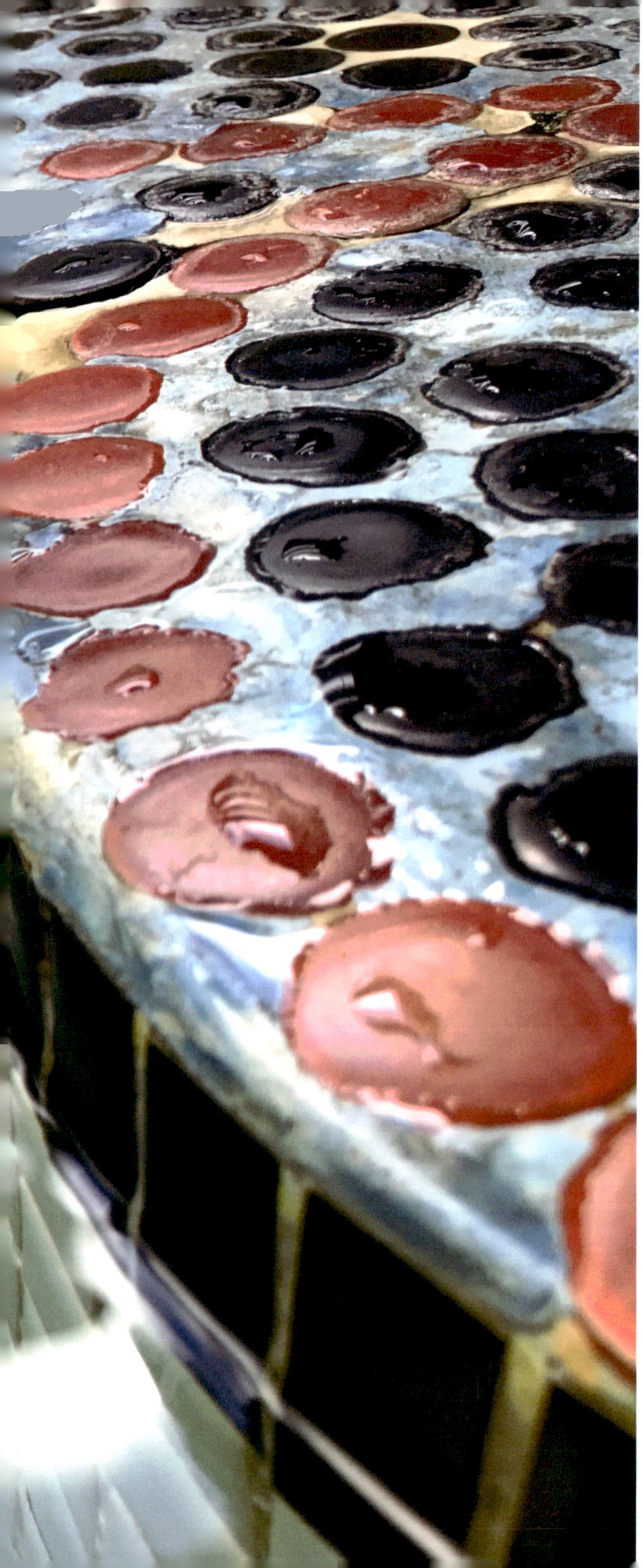

レトロタイルにキュン！
とろとろ湯にキュン！
昭和なラーメンにキュン！

あれれ？　さっきまで食堂でラーメン食べていたのに、いつの間にか温泉に浸かっているではないか。……と、そんな温泉が岩手県和賀郡にあるのだ。

岩手県と秋田県の県境あたりの国道一０七号沿いに「でめ金食堂」というドライブインがあって、そこに、いい温泉があるというのだ。

「でめ金食堂」。ラブリーな名前だなぁ。そんな名前をつけるぐらいだから、きっと、ここのご主人は出目金が好きなんだろうなぁ、なんてことを勝手に思いながら、店に入ってみる。中はいかにも昭和な食堂という感じだ。外の看板に「安くてうまいラーメン」と、ラーメン推ししてあったので、まずはラーメンを頼んでみた。やってきたのは、これまた昭和な中華そば。うん、うまい。やっぱラーメンはこうじゃなきゃ。

看板でラーメン推しをしているだけあって、ハイ、たしかにやすくてうまかった。ということで、ナルトリフティング撮りでパシャリ！

外観はこんな感じ。看板にはたしかに温泉マークが描いてあったけれど、本当に温泉があるんだろうか……？

しかし、店内のどこを見回しても「温泉」の文字が見当たらない。本当に温泉あるのかなぁ？　と、ちょっと不安になったところに、食堂のおばちゃんが「もしかして温泉入りに来たの？」と聞いてきた。「ハイ」と答えて、案内されるままに行くと、風呂はレジ横の暖簾の奥にあった。

浴室の扉を開けると目に飛び込んできたのは、なんとも独特なタイルの湯船だ。うひょ〜！　なんだかレトロで、なんだかかわいい。そして、かぐわしい油臭がただよっていた。おお、これは見かけはかわいいけれども、只者じゃあないぞ。

湯に浸かってみると、湯のとろみが素晴らしい。いい湯だ。すごい。こんな湯が食堂にあるなんて。しかも無料なのだ。

レジでお金を払ったときに、おばちゃんに聞いてみた。「でめ金食堂の名前の由来ってなんですか？」。先代の主人が出目金が好きでねぇ、みたいな答えを勝手に期待していたところ、おばちゃんいわく、「でめ金って「出る金」って書くでしょう？　だからお金がたくさん出てくる。ようは儲かるってことで、でめ金食堂って名前にしたって聞いているわねぇ」「え？　出目金が好きだったとか、そういうことじゃないんですか？」とボク。「そうねぇ、とくに好きだったってわけじゃなかったみたいよ。アッハッハ」とおばちゃん。

な、なるほど、そうでしたか……ま、それもまたネタとしておもしろい。

聞くところによれば、ここ、巣郷温泉の中で、この「でめ金食堂」の湯がいちばん濃厚でいい湯なのだそうだ。旅館や日帰り温泉施設を差し置いて、食堂の湯がいちばんだというのも、ナイスだといいたいな。

ええ？出目金は
とくに好きじゃない？
ち～～～ん。

巣郷温泉　でめ金食堂
泉質　ナトリウム - 硫酸塩・塩化物泉
住所　岩手県和賀郡西和賀町巣郷 63 地割 159-14
電話　0197-82-2830
料金　食事をした人への無料サービス
営業時間　9:30 ～ 20:00
定休日　第２火曜日･第４火曜日 (加えて不定休あり)

ラーメン以外にもメニューは盛りだくさん！
馬肉定食、たまねぎエッグ定食……目移り必須だ。

店内は愛すべき昭和な食堂。おばちゃん、まずは瓶ビールくださいな！

浴室のドアを開けて、この個性的なタイルの湯船が見えたときの感動をボクはずっと忘れない。まさに胸キュンだった。

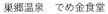

どう見たって街の電気屋さんにしか見えませんが！
Panasonic
谷地電気
ここを見よ！
パナソニックの店
点検・修理おまかせください
有限会社谷地電気山口支店
有限会社谷地電気山口支店
快適・便利な生活のお手伝い
全商品外税
天然温泉
里の湯
営業時間 AM10～PM9

しかも宿泊とかも
できちゃうんだぜ。
OK？　ベイビー？

ヘンな名湯

会津には電気屋さんにだって温泉があるのだ。

会津みなみ温泉　里の湯　福島県

自動車工場や食堂に温泉がある。まぁ、ヘンっていえばヘンではあるけれど、それならまだ許せる気がする。でもさ、電気屋さんに温泉があるなんて、それってどうなのよ。と、思わずツッコみたくなるのが、会津みなみ温泉、里の湯なのだ。

ホント、見た目はどこから見ても普通の電気屋さん。青いパナソニックの看板がドンとあって、その横に「谷地電気」と書かれてある。よく見ると、「天然温泉」と貼り紙されたドアが確かにある。でも、あまりにも全体が電気屋然としているので、まず普通は気がつかないだろう。

さて、じゃあ、この電気屋さんの中にはどんな温泉があるのかっていうと……、あ、あなた、今、電気屋さんの温泉だから、電気風呂なんじゃないの？　なんて思いませんでした？　ふふふ、思ったでしょう。それはあまりにもベタすぎです。いや、それがまた電気屋さんの中にあるなんて思えないような、まるでビジネスホテルの浴場みたいな小奇麗な感じの浴室だったりするんです。湯船の周りには岩がデコレーションされていて、ちょっとした岩風呂みたいになっている。その湯船にたたえられている湯は、無色透明で、よく見ると赤い湯の華が舞っている。加温されているけれど加水なしのかけ流し。浸かってみるとちょうどいい温度でゆっくり浸かっていられる。クセのないさらりとしたいい湯なのである。いやぁ、それにしても、電気屋さんの中で、こんないい温泉に浸かるという、このミョーな得がたい感覚。なか

ああ、今、ボクは
電気屋さんの中に
いるんだなぁ。

カツミデンキ
MITSUBISHI
SONY

な、なんと！　道路を挟んだ向かいにも電気屋さん！

壁にはもしものときに緊急用のブザー。照明器具もなんだかオシャレ。さすがは電気屋さん！

なか文章ではお伝えできないのでもどかしいなぁ。だって、この温泉のいちばんの魅力はそこなんだから。こんな温泉があるのだから、会津って奥深い。

　そうそう、ここ、宿泊もできるんです。素泊まりのみで三千三百円とリーズナブル。俺、この前さぁ、電気屋さんに泊まって温泉入ってきたんだ。それがいい湯でさぁ。なんて、話のネタにもいいかもしれない。ちなみにボクはここを会津のパナソニック温泉と呼んでいます。

ヘンな
名湯

会津みなみ温泉　里の湯
泉質　ナトリウム - 塩化物冷鉱泉
住所　福島県南会津郡南会津町山口
　　　字村上 798-9
電話　0241-72-2132
料金　350 円　素泊まり 3,300 円
営業時間　10:00 ～ 21:00
　　　　　(1~2 月／ 10:30 ～ 20:30)
定休日　無休

ヘンな名湯

魚屋さんにだって、肉屋さんにだって温泉があるんだもん。

丸一魚店　美山富士の湯　福島県

ちょっと魚買いに
きたついでに、
湯に浸かってます～

広い世の中、電気屋さんにだって温泉があるのだ。もうボクはどこに温泉があっても驚かない。だから魚屋さんに温泉があるって聞いたときには、それほど驚かなかった。でも、「ヘンな名湯」を追いかけている自分としては、魚屋さんの温泉と聞いたら、いかないわけにはいかないのだ。だってやっぱり魚屋さんに温泉があるのはヘンなのだから。

ＪＲ磐越東線の船引駅から一時間ほど歩いたところに丸一魚店「美山富士の湯」はあった。魚屋さんというよりはお酒やお菓子、野菜の種、衣料なんかも売っている田舎によくある何でも屋さん。店の中に入って「お風呂入りたいんですけど」と乞うと、おばちゃんが庭を突っ切った裏手の別棟に案内してくれた。「ボロいでしょ？　でも湯はいいのよ」とおばちゃん。とはいっても、そんなにボロく

小屋っぽさと昭和な住宅の玄関がミックスされたような、湯小屋の入り口。

店内には魚以外にも食品、雑貨までいろいろ売っている。入浴料金はここで払う。

丸一魚店
富士の湯

一見、酒屋さんに見えるけれど「丸一魚店」とある。その下には「富士の湯」の文字も。

透明のトロトロ湯の
浴感が気持ちええねぇ。

はない。素朴ないい味を出しているといったほうがいいかもしれない。なんでも昔は自宅の風呂として使っていた鉱泉が、湯がいいと近所で評判になってきたので、湯小屋をつくって一般客に開放したとのことだ。おお、それは期待できるなぁと、浴室に入ってみると普通の家の湯船をちょっと広くしたようなこじんまりとした湯船があった。湯はわずかに白濁している透明な湯。循環湯なのだけど、蛇口があって、そこから源泉を継ぎ足しできるようになっている。さっそく浸かってみるとちょっととろみのある浴感。うん、いい感じだ。身体もよく温まる。湯から上がった後もなかなか汗がひかない。なるほど、評判になったっていうのもわかるなぁ。

　ちなみに近くには聖石温泉「恵みの湯」という温泉があって、今はいかにもな温泉施設になっているけれど、なんとそこは、もともとは肉屋さんがやっている温泉だったという。魚屋に肉屋ときたら、こりゃもう、探せば近くに八百屋の温泉もあるんじゃないかと思わずにはいられないではないか。ぜひ、この魚屋さんの温泉にいかれる人は、せっかくなので元肉屋さんの温泉とセットでいかれることをおすすめする。

透明な湯はとろみのあるトロトロ湯。浴感がなんとも気持ちいいねぇ。

お魚屋さんだって
お肉屋さんだって♪

ヘンな名湯♨

丸一魚店　美山富士の湯
泉質　単純冷鉱泉
住所　福島県田村市船引町北鹿又字石崎 5
電話　0247-82-0402
料金　400 円
営業時間　8:00 ～ 20:00
定休日　無休

湯浴み女と風呂炊き男のレリーフがドンと置かれていた。

なぬ？これって水揚げした魚を入れるアレですよね？

ヘンな名湯

二子浦温泉　福島県

小学生のときのクラスメイトに酒屋の息子がいたんです。その彼が遠足とか運動会に持ってくるおやつはサキイカとかサラミソーセージとか、およそ小学生のおやつとは思えないものばかりだった。たまたま酒屋の息子として生まれたばかりに、まわりの子どもがブルボンルマンドとかビスコとかを食べている中、おっさんみたいに乾きものばかりを食べていて、からかわれていた彼の姿をボクは今でもありありと思い出すことができる……。あ、なんでそんな話をしたのかっていうと、いや、温泉もですねぇ、たまたまそこに湧いたから、そういう温泉になっちゃったっていうケースもある。と、それをいいたかったのだ。

福島県いわき市の「二子浦温泉」。この温泉のなにがおもしろいかっていうと、湯船がプラスチック製のコンテナだったりする。ほら、よく漁港とかにあるでしょ？　水揚げした魚を入れるあれです。あれが湯船の温泉なんですね。なんでそうなってしまったのかっていうと、そう、たまたまそこに湧いたからなのだ。もともとは水産加工会社の社長が自分用に掘った温泉だった。でも、それが、とてもいい湯だったので地元のみなさんにも開放しようということではじめたのが二子浦温泉だった。水産加工会社だから水揚げ用のコンテナならたくさんある。それを湯船にしちゃえばいいじゃん。ということでこうなってしまった温泉なのである。

　しかし、その湯はすごくいい。ツルスベ感のある無色透明な湯は40℃ぐらいで長湯できる湯温。コンテナ湯船の大きさは大人四人でいっぱいぐらいの大きさで、そこに源泉が絶え間なくジョボジョボ注がれているから、浴感がフレッシュでとてもいい。なんていうか、こんな極上湯がコンテナっていう飾りっ気ゼロな湯船に惜しみなく注がれているっていうところがいいんだよねぇ。わかりますかね？　そういう贅沢感。たとえるならば、極上の吟醸酒をあえて欠けた湯呑で飲むみたいな、そんな感じの贅沢感。コンテナ、いいなぁ。いつまでもコンテナであってほしい。お願いだから立派な大理石の湯船とかにリニューアルなんてことはしないでね。

こりゃあ、愉快な温泉だ～

むふむふ♡

浴室には内湯と半露天風呂がある。もちろんどちらもコンテナ浴槽だ。写真は半露天風呂からの眺め。気持ちいいなぁ。

水産加工会社の敷地内にある二子浦温泉。そんなロケーションに否応なしに期待値が上がる。

ヘンな
名湯♨

これからは、コンテナ温泉だね！

二子浦温泉
泉質　ナトリウム・カルシウム - 塩化物温泉
住所　福島県いわき市勿来町九面坂下 22-4
電話　0246-65-2115
料金　250 円
営業時間　14:00 ～ 21:00
定休日　無休

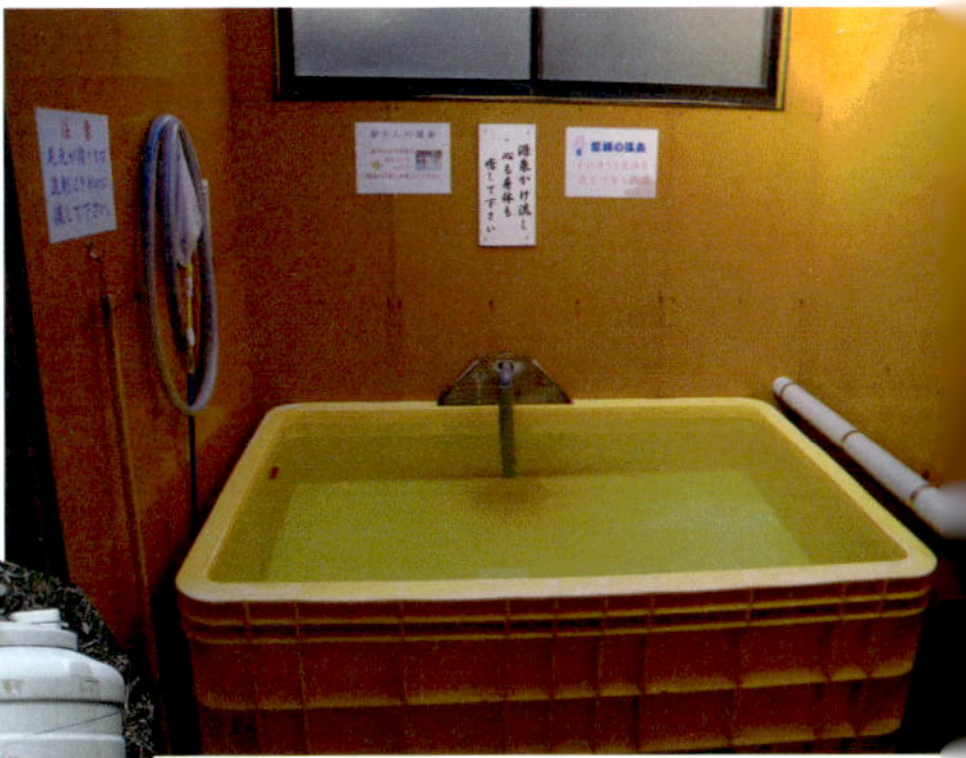

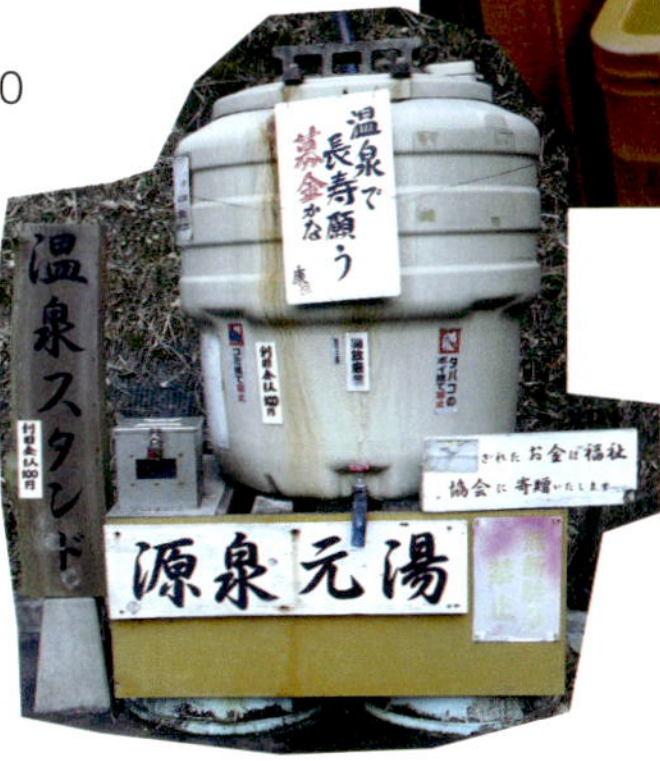
温泉スタンド
温泉で長寿願う募金かな
源泉元湯

「温泉で長寿願う募金かな」と書かれた温泉スタンド。料金は福祉協会に贈られるのだという。

一度浸かれば愛着湧くこと間違い無しのコンテナ湯船。そこにフレッシュな極上湯がジョボジョボ絶え間なく注がれているのである。こんな愉快な温泉、他にあるだろうか？

なんといっても源泉のフレッシュな浴感がたまらなくいい。

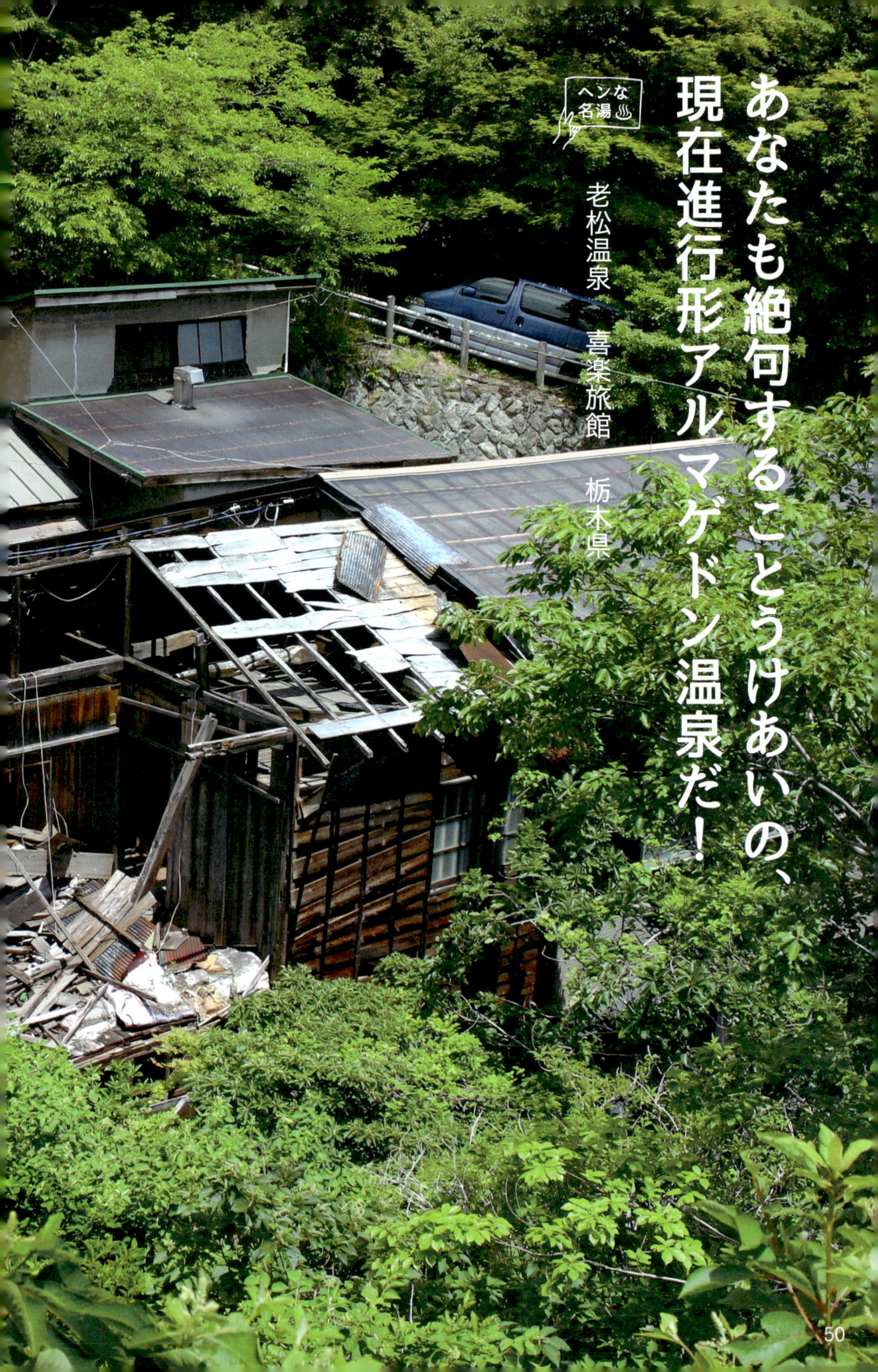

ヘンな名湯

あなたも絶句することうけあいの、現在進行形アルマゲドン温泉だ！

老松温泉　喜楽旅館　栃木県

木造の小さな昔ながらの温泉宿を思い浮かべてほしい。もしもだよ、その温泉宿の修繕をご主人が放棄したとしたら。そしてまた、その温泉宿の湯が極上湯だったとしたら、どうなるのか？　修繕を放棄された建物は当然どんどん傷んでいく。でもそこの極上湯に浸かりたい温泉マニアが全国からひっきりなしにやってくる。建物はやがて崩れていく。でもマニアがやってくる。崩れていく。やってくる。そんなことを繰り返してきたその温泉宿はもはや廃墟にしか見えない。よもやそこに温泉があるなんて普通の人

は絶対に思わないはずだ。それでもマニアたちはその湯を目指してやってくる。なんてったって、硫黄の香りが芳しい白濁したその湯は、ここ那須湯本温泉エリアでは珍しい弱アルカリ性の湯。だから肌にもやさしく長湯もできる。そんな貴重な湯が贅沢に源泉かけ流しされているので、浴感もフレッシュで素晴らしい。なによりも、こういうありえないようなシチュエーションの中で、極上の湯に浸かっているという、そのこと自体が貴重で不思議な体験なのだ。誰かにいいたくなるような、あるいは誰にも教えたくないような入湯体験。だから、今日もマニアがやってくる。ボクもまた、この温泉にはじめて浸かったとき、帰りしなに近くの人気日帰り入浴施設の鹿の湯にも寄っていこうと思ったけれど、思いとどまった。だって、そんなことをしたら、このディープな入湯体験のインパクトが薄れてしまうと思ったから。

ちなみに、この廃墟のような温泉の浴室の窓からは、本当に廃墟になってしまった温泉ホテルの建物が眺められる。廃墟もどきの温泉から、ホンモノの廃墟を眺められるというわけで、廃墟マニアも大満足できる温泉でもあるのだ。

でも、忘れないでほしい。建物の崩壊は現在進行系で続いているということを。いつかは必ず崩壊してしまうのだ。そう、アルマゲドンは必ずやってくる！この温泉が気になった、あなたは早くここを目指すべきだろう。いつ無くなるかは、神のみぞ知る温泉なのだから。

激ボロ！本当に温泉があるの？

破れてるけどちゃんと暖簾が……

驚き！桃の木！山椒の木！インド人もびっくりだ！

おお！　本当に温泉があった！
湯もいい感じっすねぇ〜！

ヘンな名湯

老松温泉　喜楽旅館
泉質　弱アルカリ性単純温泉
住所　栃木県那須郡那須町湯本 181
電話　0287-76-2235
料金　500 円
営業時間　8：00〜20：00
定休日　無休

しかも泉質は那須湯本では貴重な弱アルカリ性のお肌にやさしい湯ときているんだから、ありがたいなぁ。

巨大な天狗の面がドドンと二連発！あなたに妖しく迫ってくるぞ。

ヘンな名湯

北温泉旅館　栃木県

第一印象、秘宝館！
第二印象も秘宝館！
それ以上聞かないで！

いやぁ、やってくれましたねぇ、遠藤憲一が。彼主演のドラマ「さすらい温泉遠藤憲一」は、遠藤憲一が派遣の仲居という設定で全国の温泉地をさすらっていくドラマで、「北温泉旅館」の回では、なんと遠藤憲一が天狗に扮して、山口紗弥加演じる、スランプに陥った女流官能小説家の男性恐怖症を、真っ赤にそそり立つ太い鼻で全身を愛撫して治すという荒療治をやってくれた。深夜ドラマだからこそ、そしてテレ東だからこそできたのだろう。「北温泉旅館」もよく許したと、パチパチと拍手を贈ってあげたい。

　そう、天狗とはそういうものなのである。で、そんな天狗の巨大な面がドドンと二連発で出迎えてくれるのが「北温泉旅館」の「天狗の湯」なのだ。なんでもここ「北温泉旅館」の源泉は、日光へいく途中の大天狗が発見したとかで、それで巨大な天狗の面が飾られているというわけだけど、そう、巨大な面ということは、真っ赤にそそり立つアレも巨大というわけだ。そのインパクトたるや、かなりエロ妖しい。だからこの湯はぜひとも夜ひとりで浸かってもらいたい。迫り来る天狗の面の迫力もぜんぜん違うから。

そして湯もスゴい。肌触りがキリッとした熱めの源泉が絶えず激しくかけ流されていて、これがたまらないのだ。真っ赤な鼻をそそり立たせた巨大な天狗の面に見下されながら、源泉が投入されるザバザバという音を聴きながら湯に浸かっていると、エロ妖しさも最高密度に達する

夜のぼっち入浴で
エロ妖しさを全身で
受け止めてみよう！

ことうけあいだ（そう、今あなたは犯されているのだ！）。そんな秘宝館めいた不思議な感覚が味わえる温泉は、いかに温泉大国日本といえども、ここにしかないのである。いざ、夜の「天狗の湯」へ。

熱めの湯は鉄分が感じられるさっぱりとした浴感。フレッシュさも抜群。そんな源泉がドバドバと惜しみなく注がれている。

ヘンな名湯

北温泉旅館
泉質　単純温泉 (中性低張性高温泉)
住所　栃木県那須郡那須町湯本 151
電話　0287-76-2008
料金　700 円
営業時間　8:30 ～ 16:00
定休日　無休

江戸、明治、昭和の建物が“つぎはぎ”されている年季の入った建物もいい味出している。

北温泉旅館の「天狗の湯」に並ぶもうひとつの名物風呂といえば屋外の温泉プールだ。ええええ？　これってマスの養殖池とかではなかったの？　って、ツッコミたくなるような露天風呂。滑り台までついているよ。

ホ〜ントに
名湯なんすか？
エジプトじゃないからね！
え？そんなのいわれなくても
わかってるって？ アチャー！

なぜピラミッドなのか？
もう一度問う。なぜピラミッドなのか

ヘンな名湯

ピラミッド元氣温泉　栃木県

え〜、栃木県の那須といえば牧場やミュージアム、テーマパークと、いろんなスポットがあるけれども、なかでも異彩を放っているのが「ピラミッド元氣温泉」なのである。砂漠の中ではなく、森の中にピラミッドが忽然と現れる。ん？　森の中のピラミッドといえばマヤ文明ではなかったっけ？　しかし、ここのピラミッドはバリバリのエジプト系だ。しかもスフィンクスと一体化している。

聞けばこのキッチュでシュールなピラミッドは、なんと、ピラミッドを構成している四面の方角も、そして51度52分という角度までも本物のピラミッドを忠実に再現しているのだという。それゆえにこのピラミッドには、強力な宇宙エネルギーが集まるのだというのだ。天からは宇宙エネルギー、地底からは天然温

この湯のよさは
ピラミッドパワーの
賜物なのかい？

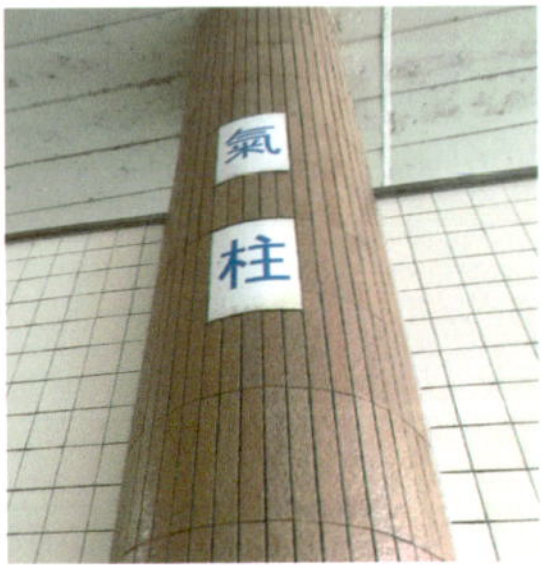

氣
柱

湯船の真ん中にドドンとそそり立つ氣柱。この氣柱は２階にある日本一の巨大金塊と水晶で集めた「氣」を伝えて、温泉に溶け込ませているとか、いないとか。

外観のキッチュさを裏切る、良質のモール泉がなみなみとかけ流しされる大浴場。

泉の活力が、このピラミッドの中で邂逅するのだという。う〜む、いやはやいやはや、どう思います？　クフ王さん、ツタンカーメンさん。

でも、こんなふざけた（いや、いや、ありがたい……）温泉でありながら、湯はとろみがある肌あたりのいいモール泉だったりする。大浴場は「あつい」「てき温」「ぬるめ」と３つの温度の湯が楽しめ、真ん中には「氣柱」なる柱があって、なんでもこれを背にして入浴すると「氣」の力による大きな心の癒やし効果が実感できるというのだ。それならば自分も！と試したみたけれども別段なにも感じられなかった。きっと自分が鈍感だからに違いない。その他にも「水辺で舞う天女」の像や、湯口に鎮座する「神童と安らぐ慈母観音」像など、ありがたきものが不思議なオーラを放っている。「なぜピラミッドなのに天女や慈母観音なのか？」なんていうヤボなツッコミはしないでほしい。大浴場以外にも、檜の湯船の露天風呂や洞窟風呂、紅水晶やアマゾナイト宝石が散りばめられた家族風呂（なぜ家族風呂に宝石なのか？　なんていうヤボなツッコミはしないでほしい）なんかもあって充実している。ひととおり湯を楽しんで、湯上がりに奇妙なものがいっぱいある館内を探検しているうちに「なぜピラミッドなのか？」という疑問も消えていた。そう、ここは、これでいいのだ。これでいいのである。

やぁ、どうも。
スフィンクスです。

慈母観音
で〜す。

水辺で舞う
天女だよ。

ライトアップされた孔雀、阿修羅像、奇木の妙な動物たち……。ピラミッド元氣温泉の、カオスな館内の様子を短い文章で伝えることは不可能である。ぜひ、そのキテレツな世界をご自分で確かめてもらいたい。

ヘンな名湯♨

ピラミッド元氣温泉
泉質　アルカリ単純泉・ナトリウムイオン泉
住所　栃木県那須塩原市接骨木 493-4
電話　0287-35-4141
料金　平日 600 円、土・日・祝日 650 円
営業時間　10:30〜21:00
定休日　無休

この下に一段あります。
飲料用ではありません
真っ赤に燃えた〜
温泉だ〜から〜♫

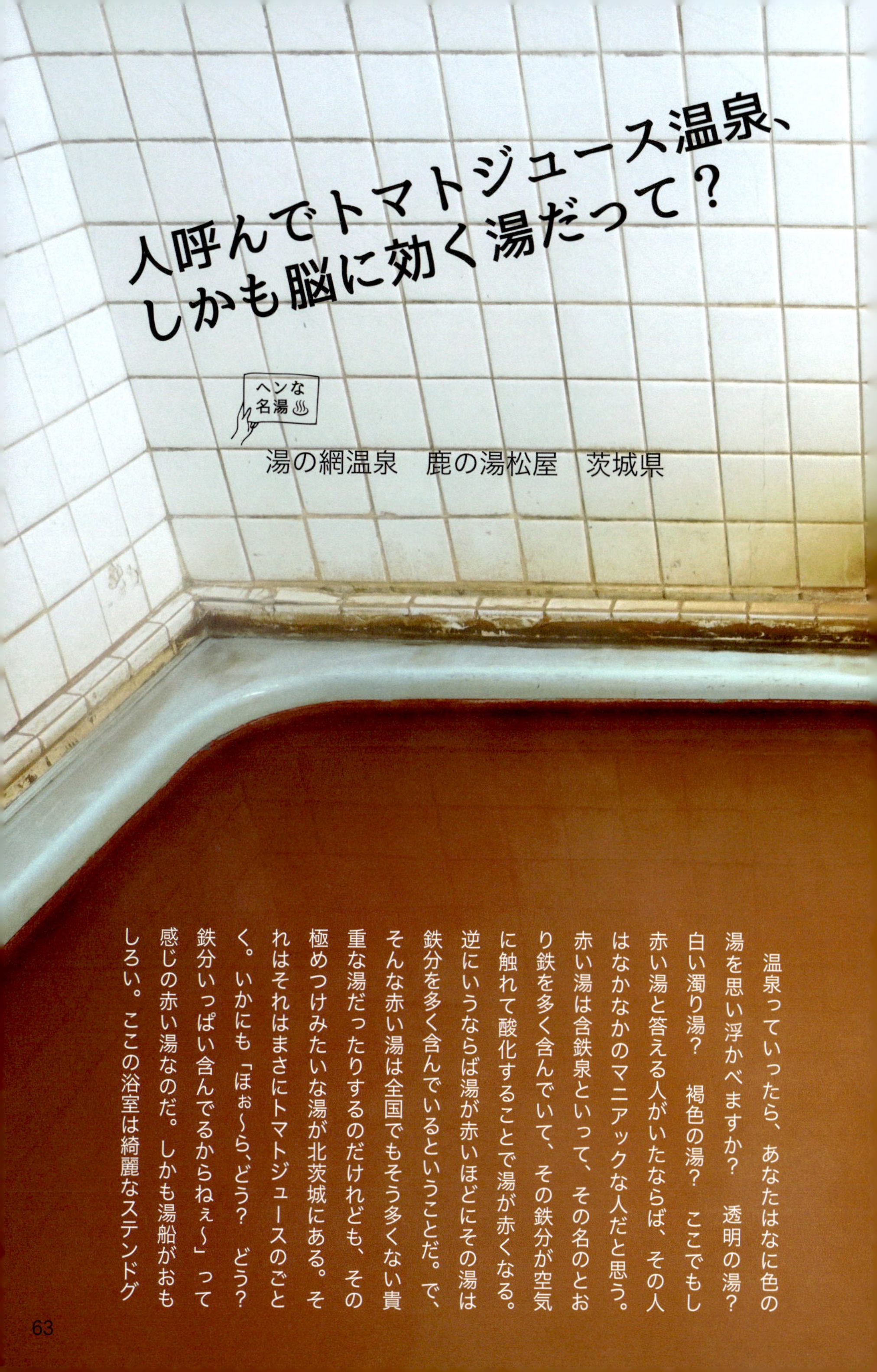

人呼んでトマトジュース温泉、しかも脳に効く湯だって？

ヘンな名湯

湯の網温泉　鹿の湯松屋　茨城県

温泉っていったら、あなたはなに色の湯を思い浮かべますか？　透明の湯？　白い濁り湯？　褐色の湯？　ここでもし赤い湯と答える人がいたならば、その人はなかなかのマニアックな人だと思う。赤い湯は含鉄泉といって、その名のとおり鉄を多く含んでいて、その鉄分が空気に触れて酸化することで湯が赤くなる。逆にいうならば湯が赤いほどにその湯は鉄分を多く含んでいるということだ。で、そんな赤い湯は全国でもそう多くない貴重な湯だったりするのだけれども、その極めつけみたいな湯が北茨城にある。それはそれはまさにトマトジュースのごとく。いかにも「ほぉ～ら、どう？　どう？　鉄分いっぱい含んでるからねぇ～」って感じの赤い湯なのだ。しかも湯船がおもしろい。ここの浴室は綺麗なステンドグラスの明り取りの窓があったり、趣のあるタイル絵があったり、窓の木枠なんかも大正ロマンを思わせるハイカラ風で、まぁ、レトロでいい感じなんだけど、なぜか湯船だけがポリ製の味もそっけもない湯船だったりするのだ。なぜ、レトロでノスタルジックなこの世界観をぶち壊すのか？　みたいな感じに。でも、そのおもしろいアンバランス感がこの鹿の湯のミョーな味にもなっている。バカボンパパならいうに違いない。それでいいのだ、と。

　さて、この「鹿の湯松屋」の湯。実に身体が温まる湯だ。やっぱり濃厚な鉄分のおかげなのか、なんていうか温まりの時間差攻撃がある。最初に湯に浸かったとき、湯の温度と塩分のためなのだろう、思わず「くぅ～っ」と声を出したくなる感じがあって、それからじわじわとさらに温まっていくみたいな、そんな温まりの時間差攻撃。なるほどなるほど、これはいい湯だなぁ。

脳！

鹿の湯の効能「脳」！え？頭がよくなるのかな？それなら長湯しなくちゃ。

明るく、どこかひょうひょうとした鹿の湯松屋の女将さん。そのお人柄もこの宿の魅力だ。

そしてもうひとつ、気になるのがこの湯の効能だ。浴室の壁に古びて味わい深い木製の効能書きがあって、そこに「神経痛」「リウマチ」「胃腸病」と、まぁ、よくあるような効能が書かれているのだけど、その最初に「脳」と書かれてある。え？「脳」に効く温泉なの？ 頭よくなるのかな？ それはありがたいなぁ。じゃあ、頭も湯に沈めないといけないかな？ と、思わずにいられない。「脳」に効くってなんだろう？ あとで女将さんに聞いてみよう。と、思ったけれども、湯に浸かっているうちに忘れてしまい聞きそびれてしまった。でも、ま、いいかな。これは謎にしておいたほうが。そのほうが、なんかおもしろいからね。

赤いねぇ〜、温まるねぇ〜、ポリ製風呂だねぇ〜♡

ヘンな名湯

湯の網温泉　鹿の湯松屋

泉質　含鉄（II）- ナトリウム・カルシウム - 塩化物・炭酸水素塩冷鉱泉

住所　茨城県北茨城市関南町神岡下 1435

電話　0293-46-1086

料金　500 円　宿泊 4,500 円〜

営業時間　日帰り入浴 8：00〜19：30

定休日　火曜日

すべての食事付きプランについてくるキンキの塩焼き。これを楽しみにしている常連客は少なくない。

鹿が発見したとされる鹿の湯の伝承が描かれた見事なタイル絵（写真右）。

カラフルでレトロなステンドグラスや凝った意匠の窓枠。こんなにハイカラなのになぜか湯船がポリ製というギャップ（写真左）。

うりざね顔の白い謎人形が あなたを待つ、カオス温泉旅館。

ヘンな名湯

赤城温泉　御宿総本家　群馬県

昔はよく地方にいくと怪しげな私設テーマパークみたいなのがありましたよね？　ほら、ヘンな人形とか仏像みたいなのとかが並べてあって、いったいなにがテーマなのかよくわからないものテーマパークが。「赤城温泉御宿総本家」は、たとえるならばそんな温泉旅館なのだ。

国定忠治の「赤城の山も今宵限りか」のセリフで有名な赤城山の麓にあるのが「赤城温泉御宿総本家」だ。門構えはなんかいい感じなんだけど、一歩中へ入ると水車と顔つきの悪いひょっとこの面を組み合わせたオブジェ（？）があったりして、ちょっとした違和感を覚える。かまわず玄関をがらがらと開けると今度は白いうりざね顔のなんとも形容しがたい人形がフロントマンのようにそこにいた。人形の前にはレトロな呼び鈴があって、それで呼んでくださいとのことらしい。

そしてまた、館内の棚という棚、壁という壁、すべてが民芸品やら仏像やら神様の像やら仮面やら人形やら壺やら、云々かんぬん、いやもう、これを文章で表すのは不可能だというくらいに埋め尽くされているのだ。断言する。「無国籍風」とか「カオス」といった言葉はここ「赤城温泉御宿総本家」のためにある。

そんな「赤城温泉御宿総本家」にはこぢんまりとした露天風呂と析出物でコッテコテの内風呂がある。小さな露天風呂は源泉かけ流しなのであまり広くすると湯の温度がぬるくなるからこのサイズとのこと。カオスで変わった旅館だけど源泉をちゃんと大切にしているのである。でも、こぢんまりした露天風呂もプライベート感があってなかなかいいものなのだ。

内湯は湯船のフチが析出物でコテコテに堆積していて、ここの湯の濃厚さがよくわかる。緑色がかった薄いにごり湯は鉄の香りを放っていて、浸かる前から湯のよさを期待させてくれる。浸かってみると、ほら、いい湯だとうれしくなる浴感。炭酸が含まれているのがまたこの浴感の秘密なのだろう。

「赤城温泉御宿総本家」は日帰り入浴よりも宿泊をおすすめしたい。やっぱりあのカオスな館内を探検しなければもったいないから。とくに夜。明かりが消されたロビーにいってみよう。そこには例の謎の白い人形が暗闇の中で青白くゆらゆらと不思議なオーラを放っているから。幻のような不思議な光景。ボクもそれを見てからというもの、「赤城温泉御宿総本家」と聞くと真っ先に脳裏に浮かぶシーンとなっている。

女将さんにこの人形はなんなんですか？と聞いてみたら、私もわからないわよ！と大笑いしながら返された。

カオスでもいい。
いや、いつまでも
カオスであってほしい。
カオスだよ！　全員集合！
もぉー！
なにがなんだか、
よくわかりません。

ヘンな名湯♨

赤城温泉御宿総本家
泉質　カルシウム・マグネシウム
　　　・ナトリウムー炭酸水素塩温泉
住所　群馬県前橋市苗ケ島町 2034
電話　027-283-3012
宿泊　8,500 円～
営業時間　8:00 ～ 20:00

こぢんまりとした露天風呂はプライベート感があって独泉するのが気持ちいい。

旅行雑誌ではなく、オカルト情報雑誌「ムー」に載る温泉。

ヘンな名湯

奈女沢温泉　釈迦の霊泉　群馬県

オカルト情報雑誌「ムー」でも紹介された温泉である。そう聞いてあなたはどう思うだろう？ それはぜひ、いってみたい。いや、選択肢から完全に外す。評価があまりにきっぱり分かれそうで怖いくらいだ。じゃあ、これを聞いたらあなたはどう思うだろう？ 我が日本が世界に誇る芸術家である、あの横尾忠則氏がここ「釈迦の霊泉」の「御神水」を自宅に取り寄せて十数年飲み続けている。それはスゴいじゃないですか。いってみようかな！ え〜、でも横尾さんってけっこうオカルト寄りの人じゃないですか。どうも怪しいなぁ。ハイ、これも評価が分かれそうである。それならば、これを聞いたらあなたはどう思うだろう？ 昭和30年代に「ケミコローション」なる発毛剤の販売で名と財を成した今井貴美子なる人物がいて、やがて彼女は霊能者として

浴室も湯船も、拍子抜けするほど、いたって普通な感じ。できればもっと怪しげであってほしかった。「ムー」っぽくあってほしかった。

御神水が飲める館内の飲泉所（写真右）。御神水は通信販売で全国でも販売している。
また、別の場所には「釈迦の霊泉」が掲載された「ムー」も置いてあった。

中曽根康弘をはじめとした政財界の面々から支持されるようになったと。で、あるとき神様から「これからは毛髪ではなく、人の命を救うのじゃ」というような御神託をうけたとのことで、神の導きによって、みなかみの町の山中に霊泉を掘り当てたのだという。つまりそれが現在の「釈迦の霊泉」なのだそうだ。どうだろう？　あなたは「釈迦の霊泉」にいきたくなっただろうか？　もしくはこれを聞いたらあなたはどう思うだろう？　ここに「釈迦の霊泉」ができてからというもの、ここらへんで写真を撮ると、UFOが写り込むとかこまないとか。どうだろうか？　いや、もうやめておこう。

そんな「釈迦の霊泉」。実は奈女沢温泉といって、あの上杉謙信の隠し湯とされていたという歴史のある温泉だったりして、明治時代には湯治場として栄えたこともあり、温泉としてはちゃんとしている。今ではその奈女沢温泉には「釈迦の霊泉」一軒だけが残り、「難病を治しに全国から重病患者がやってくる温泉」、もしくは「なんだかよくわからん怪しげな温泉」と評価が分かれているのだけれども、近年、ここの温泉にはラジウムが含まれていることがわかって、群馬県唯一の天然ラジウム温泉ということが判明した。だから「釈迦の霊泉」には、ちゃんと「ラドン濃度測定証明書」もある。

その施設内に一歩入ると、やたら効果をうたう看板やら貼り紙やら、ずらりと並べられた難病治癒の礼状やら、御神水飲み場やらで、圧倒されることうけあいだ。そして温泉は手書きの文字で「霊泉場」と書かれたカーテンの向こうにあってちょっと中へ入るのは勇気がいる。でも、中へ入るとビジネスホテルの大浴場みたいで、拍子抜けするほど、いたって普通なのだ。でも湯は悪くない。なんせ群馬県唯一の天然ラジウム温泉なのである。クセのないさっぱりとした浴感の湯だ。

さて、ここでひとつアドバイスを。湯に浸かりながら「あの横尾忠則が十数年飲み続けている。あの横尾忠則が十数年飲み続けている。あの横尾忠則が十数年飲み続けている。」と呪文のように唱えてみようではないか。ほら、ほら、な〜んか効いてきた気がしてきたでしょ？

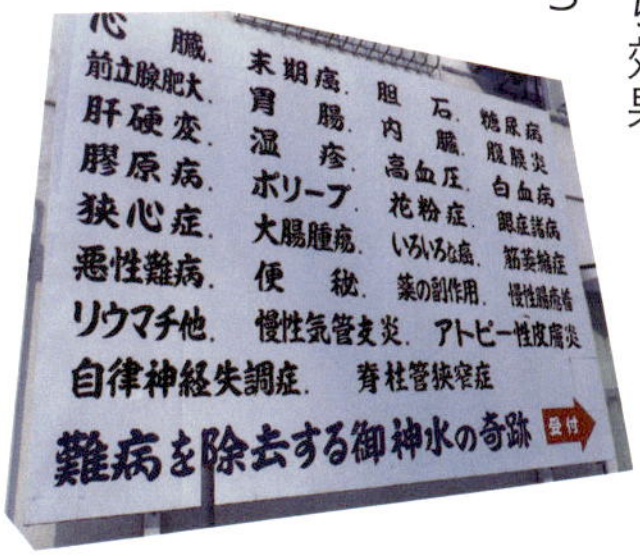

ヘンな名湯

奈女沢温泉　釈迦の霊泉

泉質　ラジウム石膏泉・アルカリ性低張性冷鉱泉

住所　群馬県利根郡みなかみ町 上牧 3768

電話：0278-72-3173

料金　1000 円（2 時間以内）　宿泊も可（要問合せ）

営業時間　9:00 〜 16:00

定休日　無休

じっちゃ〜ん！　じっちゃ〜ん！　お風呂入りたいんですけど〜！

ヘンな名湯

正木温泉　千葉県

呼んでも誰も出てこない。ボクが追いかけているような温泉では珍しくないことである。でも、ここ、「正木温泉」でのそれは一味違っていた。やってきたのは農家に接ぎ木されたようなバラック小屋。どこが風呂の入口なのかわからなかったので、すいませ〜ん、お風呂入りたいんですけど〜！　と玄関で乞う。誰も出てこない。でも、中からテレビの大音量が流れてくる。さらに大きな声で、すいませ〜ん、お風呂入りたいんですけど〜！　すると、一匹の猫が出てきた。猫じゃ話にならないので、二度目の、すみませ〜ん！　を。するとまた違う猫が出てくるではないか。ここはそういう仕組みなのだろうか？　いや、そんなはずはない、しびれを切らしたボクは玄関の

奥の引き戸を開けてみた。するとテレビを見ているじっちゃんがいて、気配を感じて振り向いた。

　どうやらじっちゃんは耳が遠いらしい。だから呼んでも気がつかないし、テレビも大音量なのである。なるほどそういうことか。じっちゃんに入浴料を払って、案内された湯小屋の中は実に手づくり感満載な湯小屋だった。おお、このカオス感、胸が高まるなぁ。きっとじっちゃんのDIYなんだろう。

　で、その浴室は？　というと、丸窓に市松模様のタイルという意表を突いたものだった。いや、よく見ると丸窓のガラスも古びたアクリル板だったりして、手づくり感があるのだけれども、ここだけはなにげに空間デザインになにかひとつ、こだわりがあるような感じなのだ。なんなんだ？　この空間は。ん？　丸窓に市松模様のタイルっていえば、あ、それって昔の遊郭とかのノリだよねぇ。さては、じっちゃん、なにか個人的な思い出をこの浴室に託したのではあるまいか？　ふふふ、やるなぁ、じっちゃん！

　湯はぬるぬる感のある濃い烏龍茶色したモール泉。なんでも、じっちゃん自身がここの源泉で半身不随になったのを治したとかで、それで「正木温泉」をはじめたのだという。確かに浸かると身体がよく温まり効き目がありそうだ。しかし、ここにも大音量のテレビの音がかなりのボリュームで洩れ聴こえている。おりしもボクが湯に浸かっているときはNHKののど自慢をやっていて、ヘタっぴーな歌がガンガン聴こえてくる。いや、でも、それがまたいいんだなぁ。こういう手づくり感のある、そして不思議な空間で、日曜日の昼に、いい湯に浸かりながらNHKののど自慢を聴いている。な〜んか、のどかで、不思議な非日常感があってねぇ。そう、この大音量のテレビもまた、ここ「正木温泉」の味なのである。

　帰りに、じっちゃんが「ほれ、これ、持っていって」と手づくりのパンフと名刺をくれた。そう、ここは、じっちゃん自慢の湯。なんてったって、じっちゃん自身がこの湯のスゴさをいちばん知っているのだからね。

自分の身体を治してくれたこの湯をみんなにもわけてあげたいという思いではじめたのが、この正木温泉なのだ。

ヘンな名湯♨

じっちゃ〜ん、いい湯だよぉ〜！

正木温泉
泉質　含硫黄・ナトリウムー炭酸水素塩・塩化物泉
住所　千葉県館山市正木 3027
電話　0470-27-4614
料金　600 円
営業時間　9:00 〜 21:00

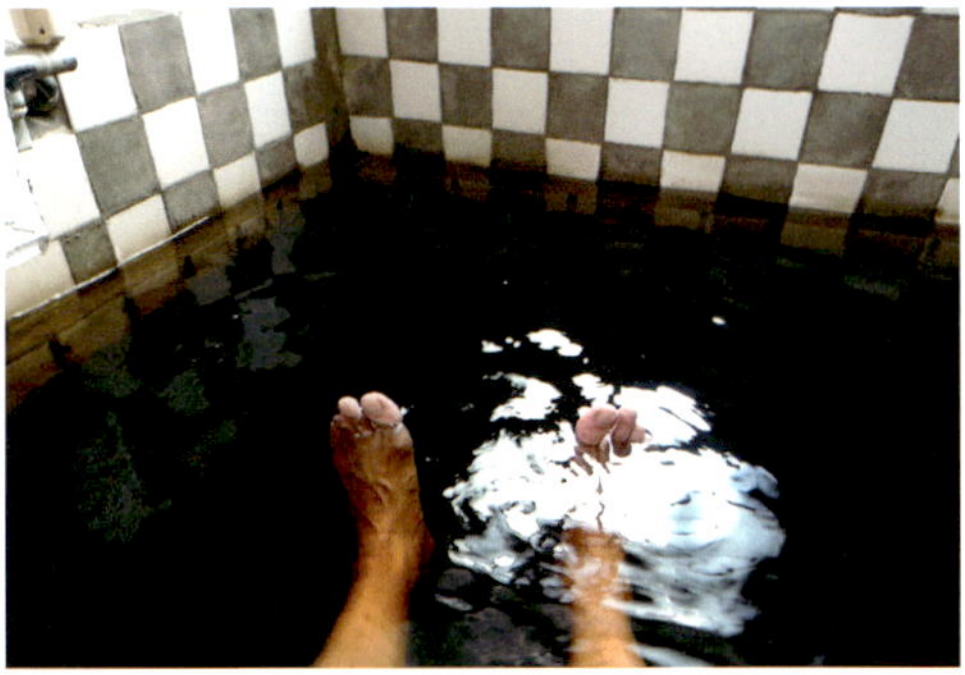

ツルスベ感のある褐色の湯。この湯に浸かりながら、居間からもれてくるテレビの大音量にしばし耳を傾けるのが正木温泉の正しい入浴スタイルだ。

ここまで手づくり感満載な温泉は、むしろ珍しくて貴重なのだといいたい。

丸窓はよく見るとガラスではなくアクリル板。わざわざ丸窓にしてあるところに、愛おしさを感じてしまう。

この空間、じわじわとくるなぁ。もちろん湯もね。

釜飯を待つ 40 分が
幸せな温泉タイム。

あ、釜飯ですか？
ま、温泉にでも浸かりながら
気長にお待ちくださいな。

ヘンな名湯

箱根仙石原温泉
かま家　神奈川県

釜飯はなぜおいしいのか？ え〜、それはですねぇ、米を炊くとデンプンが膨らんで糊化するんですね。で、釜飯のように具材と米を密閉された釜で炊くことによって、その糊化されるときに出汁や具材の味や香りが、米の一粒一粒までしっかりと染み込んでいく。そうして炊き上がったところ、最後に蓋をしたまま蒸らすことでさらに味がいき渡って、おいしさがすべてにギュッとつまった釜飯になるのですね。だから時間をかけて一から炊いた炊きたて

の釜飯はおいしい。できたものを温め直して釜に入れた、なんちゃって釜飯とは大違いなのだ。ゆえにおいしい釜飯は時間がかかる。まずはそれを申し上げておこう。

　箱根仙石原温泉の「かま家」は温泉に入れる釜飯屋さんである。おいしい釜飯をつくるためにオリジナルのステンレス釜を開発したほどの味にこだわった釜飯屋さんだ。だから当然ここも時間をかけてひとつひとつの釜飯をていねいに炊き上げる。注文してから待つこと40分。え？　そんなに待てないよ。確かにそんな人もいるだろう。だから、ここでは温泉を用意しているというのだ。マーベラス！

店構えからして間違いなさそうな「かま家」外観。

　でも、そういう温泉ってやっぱり釜飯が主だから、湯はたいしたことないんじゃないの？　そう思う人がいるかもしれない。たぶんいるだろう。ところがどっこい、湯もいいんだよねぇ。なんてったって箱根なわけで。箱根仙石原温泉は箱根十七湯のひとつだけど、実は大涌谷温泉から引湯しているところが多く、ここ「かま家」も大涌谷温泉からの引湯をかけ流しで使っている。大涌谷温泉は造成温泉という全国でも珍しい温泉で、温泉成分がたっぷりと含まれた火山性蒸気に地下水を混ぜてつくった温泉だったりする。そう聞くと人工的につくられた感じがして、ありがたみが薄れるかもしれないけれども、火山性蒸気も地下水も箱根の大地の恵み。しかも箱根の火山性蒸気は濃厚で、すばらしい白濁湯ができあがるのだ。ま、つべこべいわずに浸かってみればわかる湯だ。硫黄の香りが芳しく、熱めで身体にじゅわじゅわ〜っとくるさっぱりとした浴感。釜飯ができるまでの40分というのは、温泉に浸かるのにも手頃な時間だ。湯上がりに炊きたての絶品釜飯が食べられる場所なんてそうそうないだろう。「かま家」って、そんなふうにステキにヘンな名湯なのだ。

「かま家」の湯は大涌谷温泉からの引湯だ。釜飯屋さんで濃厚な白濁湯に浸かれるという幸せ。しかも湯上がりにはおいしい釜飯が待っている。

硫黄の香りが芳しい「かま家」の湯。どうせ釜飯屋さんの湯なんでしょ？
という思いをガラッと覆す名湯なのである。

おこげもしっかりあってうまうま〜！

ヘンな
名湯♨

箱根仙石原温泉　かま家
泉質　酸性–カルシウム・マグネシウム - 硫酸塩・
塩化物泉
住所　神奈川県足柄下郡箱根町仙石原 817
電話　0460-84-5638
料金　750 円（釜飯は別料金）
営業時間　9:00 ～ 20:00
定休日　第 3 水・木曜（冬期は臨時休あり）

釜飯はすべて 1,580 円（税込み）。わざわざ専
用のステンレス釜まで開発したというこだわり
よう。なにを食べてもおいしいのだ。

箱根ゆうたら格式ある温泉地やろ？
な〜んでこんなにエロいねん？

ヘンな名湯

箱根宮ノ下温泉　月廼屋旅館

あんな、昔っから箱根ゆうたら、そりゃ格式ある温泉地やったはずやろ？　それがなんやねん、このエロさは。秘宝館かと思うたわ！　浴室入ったら湯気モウモウで、わしも最初はよぉわからへんかったけどな、よぉう目ぇ凝らしてみるとな、なんや、湯船の奥のほうにアレがどんっと立っとるやんけ。しっかもそのアレの先っぽときたら、わしの頭の倍はあるんちゃうかっつぅぐらいにでかいんや。先っぽも、むやみにテカテカ光っとるしな。それだけやない。よう見たら、岩壁にもなんやらチンポみたいなのがにょきにょき生えとるし、湯船のフチにもオ○コみたいなもんがへばりついてるねん。湯船に湯ぅジョボジョボ注いどる湯口、なんや、もろチンポやがな！　わしが今浸かっているこの温かい液体はいったいなんやねん？

ここ箱根やろ？　こんなんでええんかい？　飛田新地やないんやから！

いやいや、ジョークやねん。ア〜メリカンジョークやねん。わしだってわかっとるって。これ、子宝に恵まれますようにっちゅうやつやろ？　たしか金精様ゆうたなぁ。ありがたい湯ぅいただいとるわけや。でもな、わし男やねん。金精様、あまり関係ないねん。それともなんや？

ここの湯ぅ浸かっておれば、わしのもあんなふうに立派になるっちゅうことやろか？　いやいや、わかっとるがな、ジョークやねん。あんな、ほんま、ここの湯はええで。お肌がすべっすべになる美人湯やでぇ。湯の温度も42℃でちょうどいいねん。なんでもな、むずかしゅうことようわからんけどな、南北朝の時代にな、なんとかの乱で新田義隆ちゅう武将が刀傷を癒したっちゅう、それはそれは由緒ある湯でもあるんや。どや、そんなこと聞くと余計この湯がありがたくなってくるやろ？　わしは気に入った。やっぱり気取っとるばかりじゃいけへんやろ。箱根にもこういうところがあるんや。箱根、見直したでほんま。やるやないの。決めたで。わしの常宿はここや。またくるでぇ。ええ湯浸かったおかげでシャキッとしたわ。よっしゃ！　わしもがんばるでぇ。チッチキチー。

エロくない露天の岩風呂もあって、普通はそちらに案内される。

昔ながらの温泉旅館
の姿をとどめている
月廼屋旅館の外観。
宮ノ下温泉
月廼屋旅館
月廼屋

ん？ よく見ると
湯船の底に女性の裸の
タイル絵が！

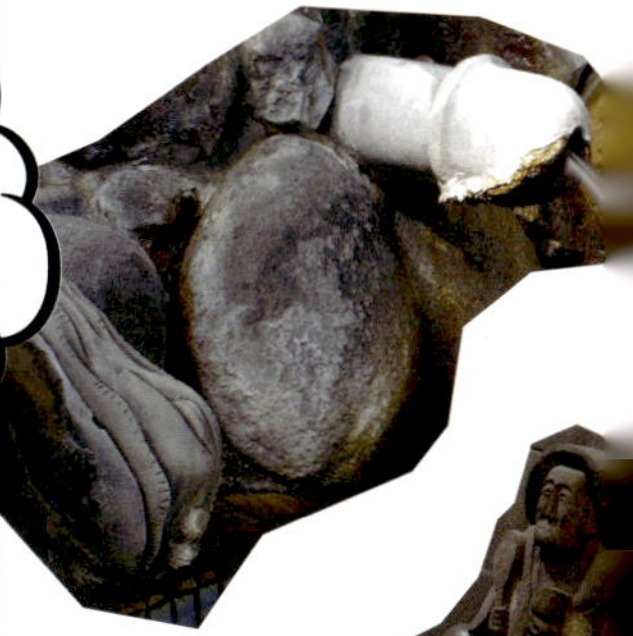

あんなものや
こんなものも！

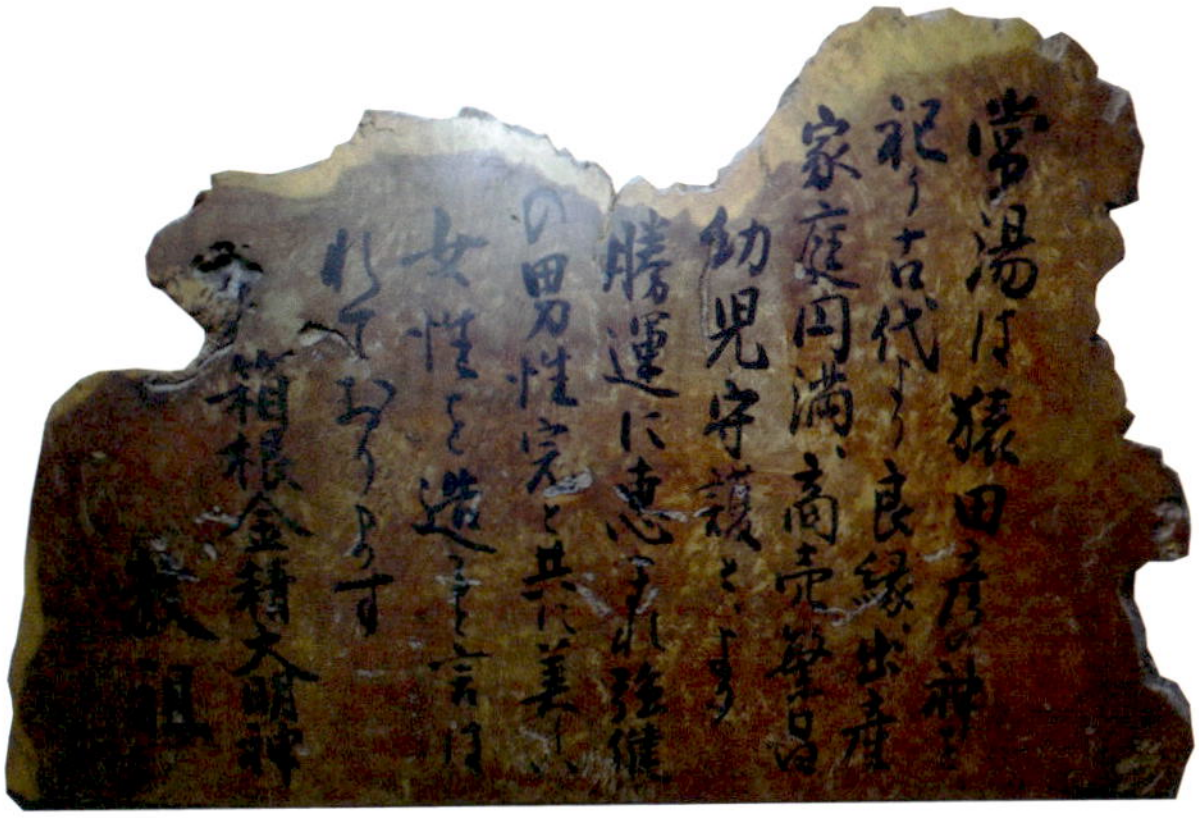
當湯は猿田彦の神を
祀り古代より良縁出産
家庭円満商売繁昌
幼児守護とす
勝運に恵まれ強健
箱根金精大明神

猿田彦の神を祀り、古代より良縁、出産、家庭円満、商売繁盛、幼児守護、勝運、強健…と、浸かるといいことずくめの縁起のいい湯なのである。

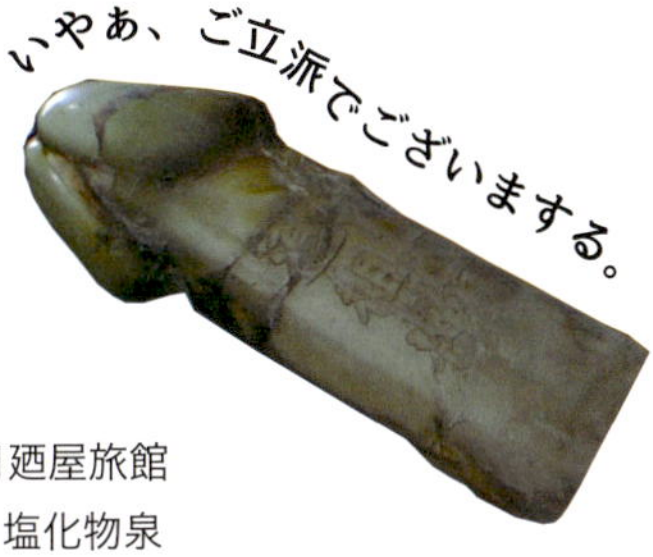
いやぁ、ご立派でございまする。

ヘンな名湯♨

箱根宮ノ下温泉　月廼屋旅館

泉質　ナトリウム - 塩化物泉

住所　神奈川県足柄下郡箱根町宮ノ下 413

電話　0460-82-2401

料金　1000 円（1 時間貸し切り）　宿泊 5,416 円～

営業時間　日帰り入浴要電話確認

定休日　無休

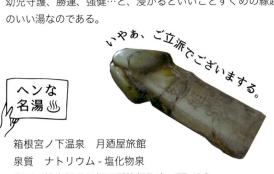

ヘンな名湯

甲府で堂々と草津温泉と名乗る、人気の温泉銭湯。

草津温泉　山梨県

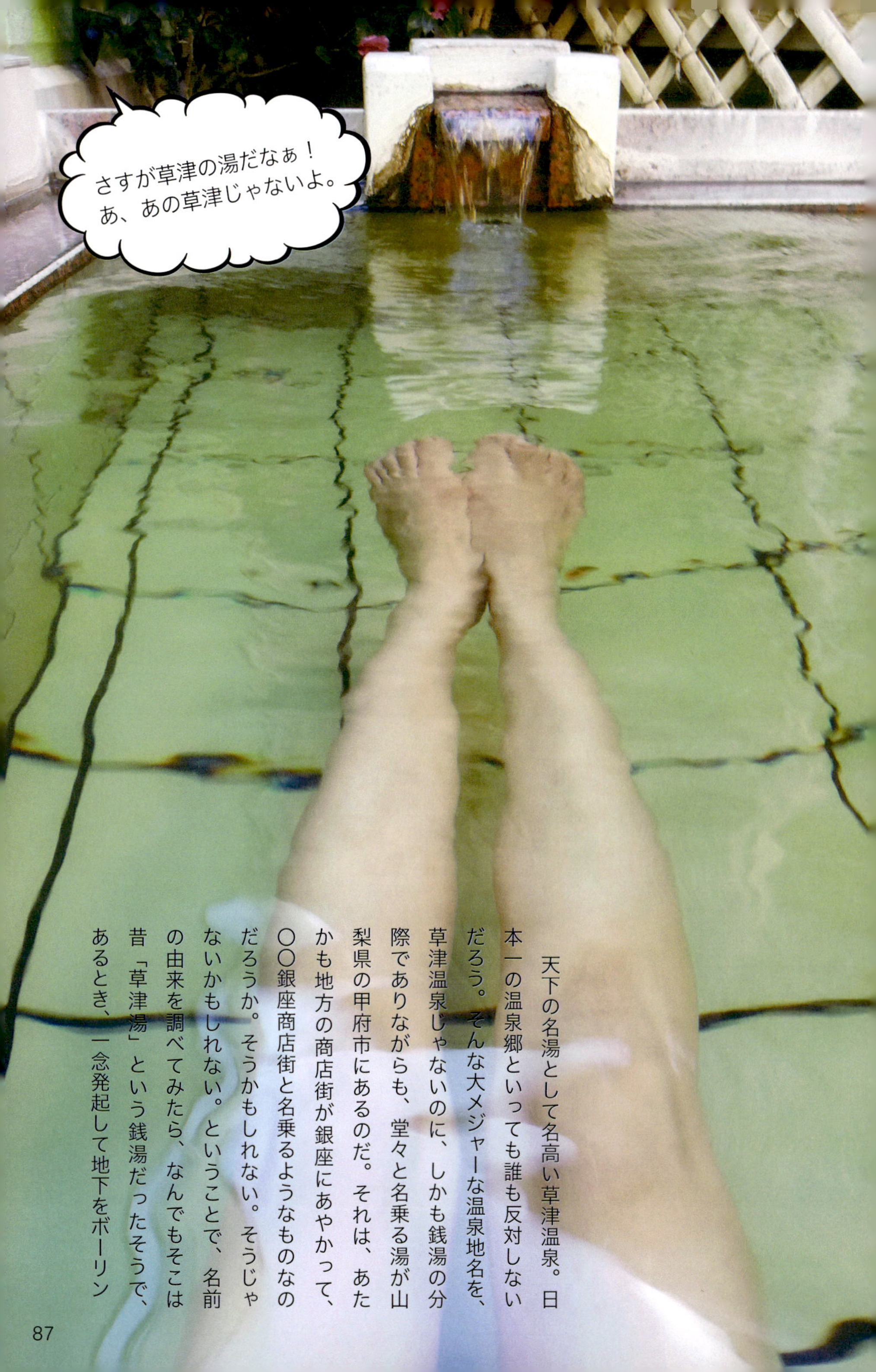
さすが草津の湯だなぁ！
あ、あの草津じゃないよ。

天下の名湯として名高い草津温泉。日本一の温泉郷といっても誰も反対しないだろう。そんな大メジャーな温泉地名を、草津温泉じゃないのに、しかも銭湯の分際でありながらも、堂々と名乗る湯が山梨県の甲府市にあるのだ。それは、あたかも地方の商店街が銀座にあやかって、○○銀座商店街と名乗るようなものなのだろうか。そうかもしれない。そうじゃないかもしれない。ということで、名前の由来を調べてみたら、なんでもそこは昔「草津湯」という銭湯だったそうで、あるとき、一念発起して地下をボーリングしてみたところ温泉が湧いたので、「草津温泉」と改名したとのことだ。「草津湯」と名乗っていたころは、この銭湯をはじめた人が草津出身だったからということで、天下の名湯、草津温泉にもあやかっての名前だったのだろう。それを「草津温泉」と名乗ってしまったのは「だって、本当に温泉が湧いちゃったんだも〜ん」と開き直ったからなのかもしれない。ちなみに今は廃業してしまったけれども、ここからそう遠くないところに「伊香保温泉」と名乗る銭湯もあった。なんだか話がややこしくなってきそうなので、名前の由来は以上で切り上げよう。

　そんな「草津温泉」は甲府駅から二キロちょっとのところにある。なんと「草津温泉」だからと狙っているのかはわからないけれど草色の建物だったりするのだ。地元の人気スポットのようで、人がひっきりなしに出入りしている。

　さて、この「草津温泉」。本家の草津の湯とはまったく違う湯ではあるけど、なかなかどうして、いい湯なのだ。

　内湯の湯船は適温で長く浸かっていられる39〜41℃に設定された大きな楕円形の湯船と、44〜46℃の高温の湯船、22〜24℃の水風呂の三つ。だら〜んと長湯を楽しんだり、水風呂と熱湯の交互浴を楽しんだり、また、小さいながらも露天風呂だってある。湯だって源泉かけ流しで、ツルスベ感があるいい浴感で泡付きがある湯。いやぁ、こんな温泉が近くにあったらボクも毎日通うだろうなぁ。本家の天下の名湯草津温泉の湯は毎日浸かるにはハードかもしれないけれど、こっちの「草津温泉」なら毎日浸かるのにちょうどいい湯だ。う〜ん、なかなかやるじゃないか、甲府の「草津温泉」さん。

ヘンな名湯

草津温泉
泉質　ナトリウム-塩化物・硫酸塩・炭酸水素塩泉
住所　山梨県甲府市上石田 1-10-12
電話　055-222-4216
料金　400 円
営業時間　6:00 〜 22:00
定休日　元旦

ここは草津ではない！
甲府だっちゅうの！
だっちゅうの！

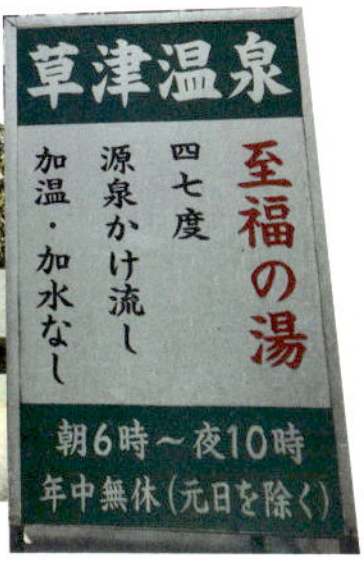
草津温泉
至福の湯
四七度
源泉かけ流し
加温・加水なし
朝6時～夜10時
年中無休（元日を除く）

地下水の水風呂と44～46℃の熱めの湯の湯船もあるから交互浴も楽しめる。温泉銭湯には珍しく、飲泉もできる。胃腸によさそうな味だった。

外には露天風呂だってある。ここ、草津温泉は、なんとも、いたれりつくせりな温泉銭湯なのだ。

草津温泉と名乗りながらも、湯は本場の草津のような、長湯すると湯あたりする強力な湯ではなく、長く浸かっていられるやさしい湯。メインの湯船は39～41℃と長湯に適した湯温だ。

草津よいとこ～
一度はおいで～♫
(甲府ですけど～)

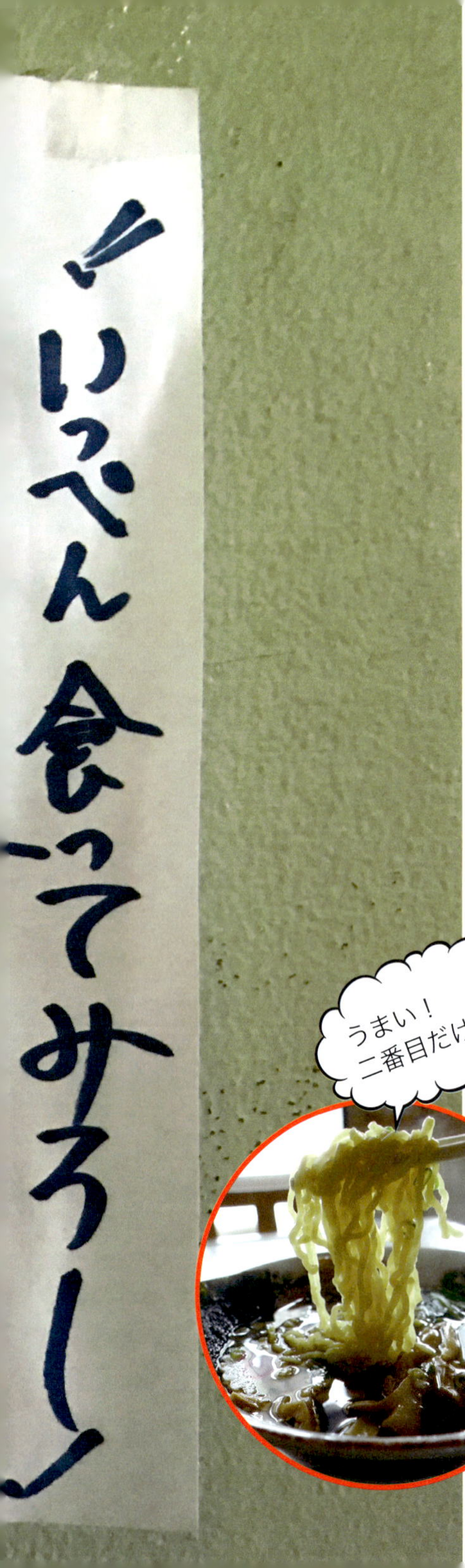
「いっぺん食ってみろし」
うまい！
二番目だけど！

ヘンな名湯

「二番目にうまい」というモヤモヤ感をあなたも感じてみよう。

銭湯石和温泉　山梨県

ほら、ビジネスとかのたとえ話でよくあるでしょ？　日本でいちばん高い山は？　ハイ、富士山。じゃあ、二番目に高い山は？　ハイ、誰も答えられないでしょ？　このようにナンバーワンというポジションはビジネスにおいても、とても大切なんです。だから、どんなジャンルでもいいから自分がナンバーワンを名乗れるポジションを築きましょう……みたいな話。そう、二番目というポジションはそういう切ないポジションなのである。ところが山梨県の石和温泉に、その切ないポジションの二番目を自ら堂々と名乗る温泉がある。いや、正確にいうなら、二番目にうまい

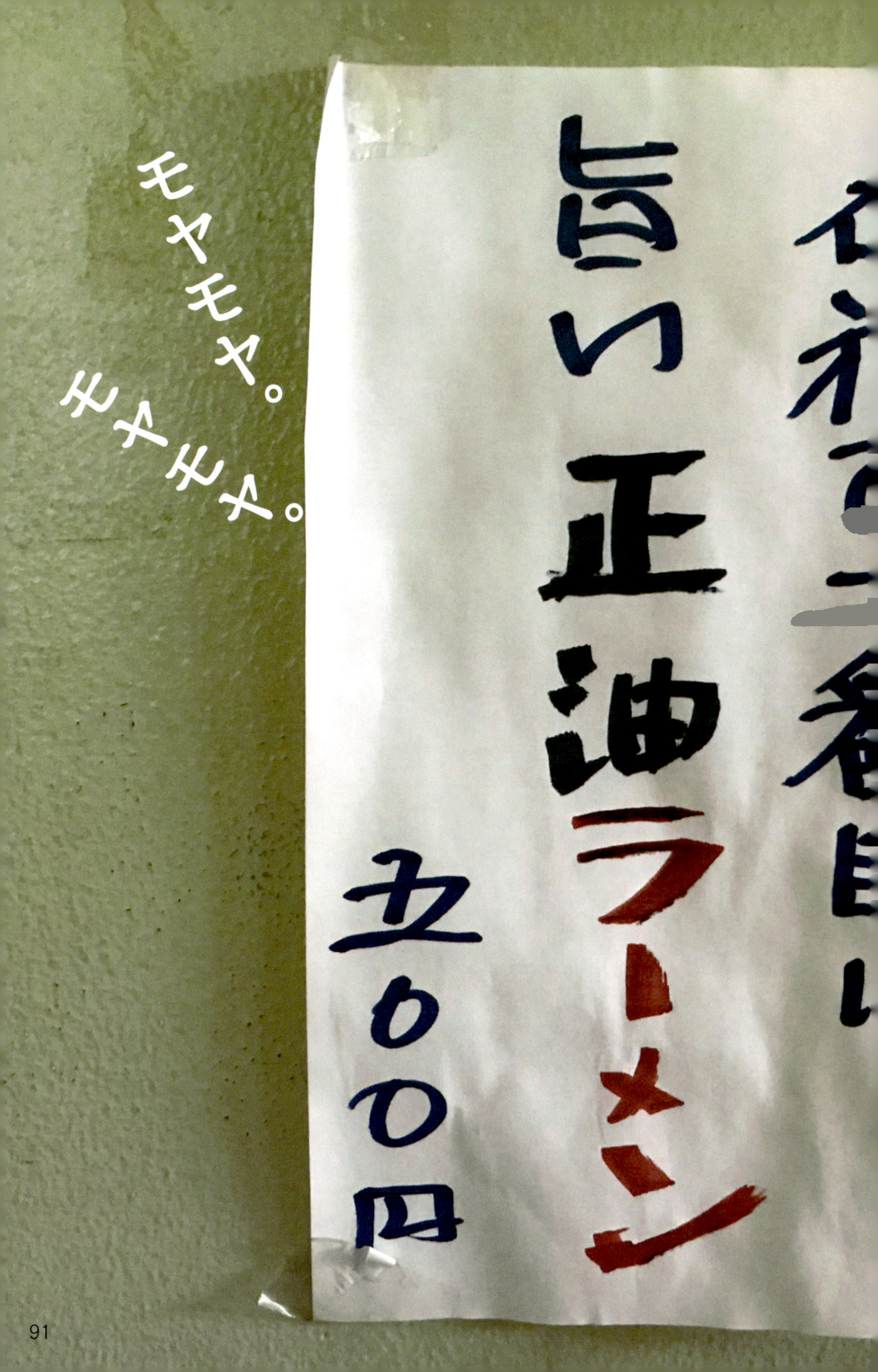

モヤモヤ。
モヤモヤ。

ラーメンを名乗る温泉銭湯があるのだ。え？　温泉がラーメンを名乗るってどういうこと？　普通、そう思いますよね。実はこの温泉銭湯には食事処が併設されていて、居酒屋としても申し分ないくらいメニューも充実している。だから、ここではまず風呂上がりの一杯のためのメニューを注文してから湯に浸かり、湯上りにそれをいただくというのが、ここに通う地元の人たちの定番スタイルだったりするのだ。で、そんな「銭湯石和温泉」の脱衣所にはこんな貼り紙が貼ってある。「いっぺん食ってみろし！　石和で二番目に旨い正油ラーメン」。こんなヘンな貼り紙があったら、食わないわけにはいかないでしょう。だからボクもトライしてみた。

　まずは温泉に浸かろうと、入った浴室は昭和な銭湯スタイル。定番の富士山のペンキ絵にはなにげに逆さ富士が描かれていたりして、ちょっと感動。カランもシャワーも温泉で、湯は石和温泉らしいやさしい浴感だ。温かい湯、電気風呂（これがかなりビリビリの電気風呂！）、水風呂があって、水風呂は源泉かけ流し。なので冷たい源泉と温かい循環湯の交互

お！　逆さ富士の
ペンキ絵とは、
さすが山梨だねぇ。

電気風呂

かなり強力な電気風呂（写真右）。地元の人たちには普通の湯よりもこっちのほうが大人気。みんななにかに耐えるような顔をしてビリビリ湯にじっと浸かっていた。おもしろいなぁ。

浴ができるのだ。これがまた気持ちいいんだなぁ。でも、地元の人たちに人気なのは電気風呂なようで、みんな、なにかに耐えるような顔をして湯に浸かりながらビリビリ電気を浴びている。スゴいなぁ。

湯を満喫した後はさっそく瓶ビールとラーメンだ。出てきたラーメンはいかにも昭和なシンプルラーメン。そしておいしい。いや、ホント。ラーメンにも大満足して、あの「二番目にうまいラーメン」の貼り紙の意図を聞き出そうと、ご主人に「いやぁ～ラーメンうまかったです。なんで二番目なんですか？　一番でもいいんじゃないですかねぇ」と話しかけたら、ウワッハッハと笑ってかわされて、それ以上聞けずじまいだった。だから本当に二番目なのか真相は藪の中だ。でも、ボクもここでみなさんにいおう。いっぺん食ってみろし！　ホント、おいしいから（あ、もちろん湯も楽しんでね）。

それなら、石和でいちばんうまいラーメンはどこですか？

ヘンな名湯♨

銭湯石和温泉
泉質　緩和低張性高温泉
住所　山梨県笛吹市石和町市部 1091-2
電話　055-262-3441
料金　400 円
営業時間　15:00 ～ 23:00
定休日　月曜日、第４火曜日

これが石和で二番目にうまいラーメンだ。昭和なおいしさ。「石和で一番うまいラーメン」とうたってもいいんじゃない？

飲食メニューも充実。ここ、銭湯ですよね？常連客はメニューを選んでから風呂に浸かり、湯上がりに出来上がりをいただいているようだ。

ほぼ洪水。笑っちゃうほど源泉ドバドバかけ流しの快楽温泉。

ヘンな名湯

玉川温泉　山梨県

この看板の言葉に胸をときめかさない温泉ファンはいないはず。

湯があふれて、
あふれて、あふれて、
も一止まりませーん！

温泉は源泉かけ流しじゃなければ温泉じゃない。と、源泉かけ流し以外の温泉を断固として認めない温泉マニアがいるように、源泉かけ流しの温泉はフレッシュな浴感が格別だったりする。で、そんな源泉かけ流しの温泉で「滝のように流れるかけ流し」という看板を掲げて豪語する温泉があるのだ。一般的にはあまり知られてないけれど、温泉マニアの間では有名だ。なんてったって源泉が「滝のように流れる」っていうんだから、このマジックワードを聞いて平静でいられる温泉マニアはまずいないだろう。

　そんな「玉川温泉」は田んぼの中にポツンとある日帰り入浴施設だ。建物は一見すると病院のようなそっけない感じで、中に温泉マニアの心をどよめかす滝のようなかけ流しの温泉があるとは、と

外観は街なかの病院って感じで、まさかこの中にこんなスゴいかけ流しの温泉があるとは思えない。

ドバドバと絶え間なく源泉が投入され、それがオーバーフローして浴室を洪水状態にしているのだ。

ても思えない。ただ、「滝のように流れるかけ流し」の看板は今はなぜか建物の横に打ち捨てられたかのように地面に立てかけられてある。どうしてかはわからない。弱気になって豪語するのをやめたのだろうかと心配になるが、どうぞ気にせず中に入ってほしい。浴室の扉を開けたあなたは、きっと度肝を抜かれるはずだから。

それは滝というよりは洪水っていったほうが正しいかもしれない。ザバザバと音を立てながら、湯船から大量の湯があふれて、洗い場の床が川の中に水没したかのような状態になっている。この目を疑うような光景見て平静でいられる温泉マニアはまずいないだろう。かけ湯をしたら、ザブンと洪水の中に身を任せてみよう。薄い茶褐色をした湯は、山梨の温泉らしくやさしい浴感で、温度もぬるめなので長湯ができる。こんなにスゴいかけ流しの温泉に長湯するなんて、そうそう体験できることではない。ジッと湯に浸かっていると、なんだか自分の身体を温泉が通り抜けていくかのような不思議な感覚になってくるほどだ。

そしてまたこの「玉川温泉」には副作用がある。あのスゴいかけ流しは後日必ずあなたの記憶に蘇ってくるはずだ。洪水のごとき尋常じゃないオーバーフロー。それを鮮明に思い浮かべたあなたはたまらなくなって近場のかけ流しの温泉にいくことだろう。でも、そのかけ流しは、到底あのかけ流しとは比べものにならない。かけ流しへの渇望を満たすはずだったあなたは、逆にスイッチが入れられてしまうのだ。それからさらに後日、あなたがふたたび「玉川温泉」を目指すことになることは、もはやいうまでもないだろう。

見よ！洗い場の床がほとんど水没しているかのような状態を。手前の湯船が源泉かけ流しで、奥の湯船はジェットバスになっている。フレッシュな浴感がたまらなくいい。もうここから出たくない！

置いてあったノートには、たくさんの感動の声が。

世の中のちまちましたことが、どうでもよくなってくるなぁ。

うう、この感動を早く誰かに自慢したい！

ヘンな名湯♨

玉川温泉
泉質　単純泉
住所　山梨県甲斐市玉川 1038-1
電話　055-276-3462
料金　500 円
営業時間　9:30 ～ 21:00
定休日　月曜日

ヘンな名湯♨

越後の元カルト温泉、目印は無駄に巨大な親鸞聖人だ!

西方の湯　新潟県

善人なほもて往生をとぐ、いはんや悪人をや!

それはもうランドマークといっていいと思う。高さが40mもある巨大な親鸞聖人像。40mっていうと、あのウルトラマンの身長だ。そんな親鸞聖人像の足元にある温泉が「西方の湯」。かつてここは知る人ぞ知る日本一の奇臭温泉でもあった(それはほとんど汲み取り式トイレに溜まったウ○コのような臭いだったと伝えられている)。それゆえに一部のマニアたちにカルト的な人気があった。ところが源泉のパイプが破損したことから今では別の源泉をひいている。前の源泉が一部のマニアたちにしかウケないので、もう、もとの源泉をひくことはないともいわれている。「ヘンな名湯」を追いかけるボクとしてはなんとも残念ではあるのだけれども、でも、実は今もなかなかの奇臭を放っているんだな、この西方の湯は。そしてかなりの珍スポ的温泉なのである。でも、湯はすばらしい名湯。まさに「ヘンな名湯」だ。

　ここの場所を説明するのは極めて簡単だ。新潟の胎内市の国道一一三号をいけば巨大な親鸞聖人像が立っているからそこを目指してください。これでもう迷う人はいないはずだ。すべては無駄に大きい親鸞聖人さまのおかげだ。で、その足元の「西方の湯」は建物からしてすでに只者ではないオーラを放っている。でも、それにはひるまず中へと入っていくと、広いロビーのあちこちに、そして大浴場へと続く通路のあちこちに、なんだか仏像やら人形やら壺やらいろんなものが所狭しと並んでいて、その割には人がいないから、なんていうか『客に見放された骨董市』のようなのだ。なにを目的に

モワァ〜ンと充満している独特なアブラ臭があなたを虜にするのだ。

「あつめの湯」「ぬるめの湯」とふたつに仕切られている大浴場の湯船。浴室を独特なアブラ臭が満たしている。この香りもクセになるんだなぁ。

これだけのものがあれこれ並べられているのかも謎だ。グッとくる。

さてお風呂。確かにウ○コのような奇臭ではなくなったけれど、それでも浴室の扉を開けるとアンモニア臭の混じった油臭がモワァ〜ンと鼻孔を刺激してくる。以前を知らなければ、じゅうぶん奇臭だろう。浴室も湯船もけっこう広くて、湯船は「あつめの湯」「ぬるめの湯」と分かれている。けれども「ぬるめの湯」ですでに熱く、「あつめの湯」はけっこう熱い。湯は濁った褐色で、味見をしてみたらモーレツにしょっぱい。これ海水よりも塩分が濃いのではないだろうか。だからだろう。身体がたちまちに温まっていく。思わず「くぅ〜」っと声を上げたくなるようないい感じの刺激がある。うん、いい湯ではないか。

「西方の湯」から駅への帰り道、すでに1kmほど歩いたところで振り返ってみた。親鸞聖人像がまだ余裕で見える。

なんやらかんやら、いろんなものが陳列されているロビー。なんのためなのかは謎だ。

塩分をたくさん含んだ湯は、ちょっと浸かっているだけで身体がみるみるうちに温まっていく。湯ヂカラを感じるすばらしい湯。巨大な親鸞聖人像から、なんだかよくわからない陳列や、いろんなものにヤラれながらたどり着いた湯が、思いがけない名湯であることに感動すら覚えた。

大浴場へと向かう通路脇にもいろんなものが陳列されている。ひたすらいろんなものが陳列されている。栃木の「ピラミッド元氣温泉」といい勝負をしている。

巨大な聖人が「また来いよ」といっている気がした。もちろん、いわれなくてもまた来るさ。

西方の湯
泉質　ナトリウム - 塩化物強塩温泉
住所　新潟県胎内市中村浜２－２９
電話　0254-45-2550
料金　500 円
営業時間　10：00 ～ 20：00
定休日　火曜日

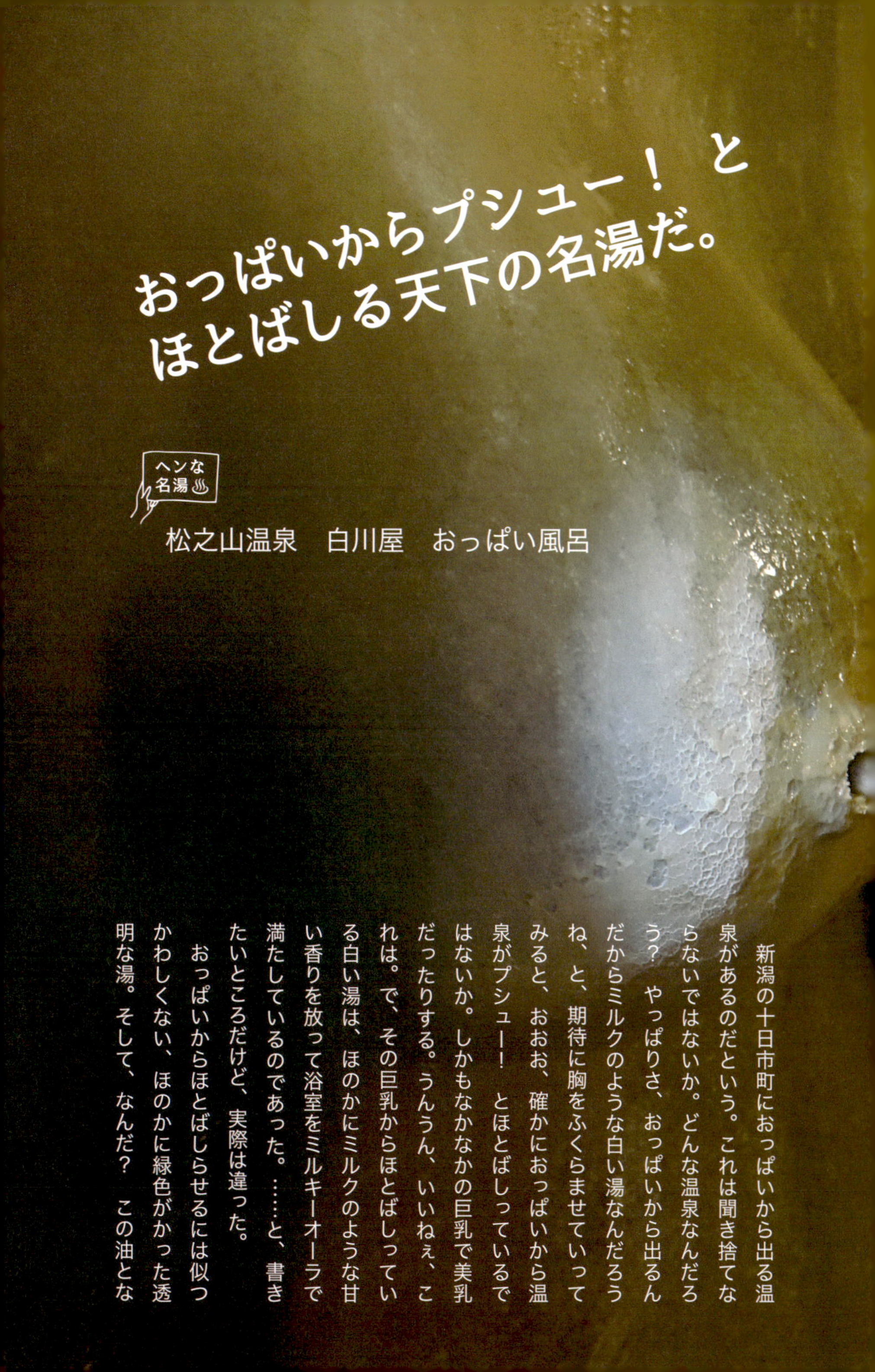

おっぱいからプシュー！　と
ほとばしる天下の名湯だ。

ヘンな
名湯♨

松之山温泉　白川屋　おっぱい風呂

新潟の十日市町におっぱいから出る温泉があるのだという。これは聞き捨てならないではないか。どんな温泉なんだろう？　やっぱりさ、おっぱいから出るんだからミルクのような白い湯なんだろうね、と、期待に胸をふくらませていってみると、おおお、確かにおっぱいから温泉がプシュー！　とほとばしっているではないか。しかもなかなかの巨乳で美乳だったりする。うんうん、いいねぇ、これは。で、その巨乳からほとばしっている白い湯は、ほのかにミルクのような甘い香りを放って浴室をミルキーオーラで満たしているのであった。……と、書きたいところだけど、実際は違った。

　おっぱいからほとばしらせるには似つかわしくない、ほのかに緑色がかった透明な湯。そして、なんだ？　この油となにか薬品が混じったような独特な匂いは!? でも、この湯がとてもよかった。実によく温まるし、薬臭さもハマってくる。それもそのはず、松之山温泉の湯は、群馬の草津温泉、兵庫の有馬温泉と並んで日本三大薬湯として名高い名湯なのだから。保湿成分のメタケイ酸を豊富に含み、ホウ酸にいたっては含有量日本一。切り傷ややけどに、よく効く湯なのだ。だからかの上杉謙信も隠し湯として松之山温泉をこよなく愛した。つまりは、そんな名湯中の名湯を、ここ、「白川屋」ではおっぱいからプシュー! っとほとばしらせているのである。まったく痛快とはこういうことをいうのだろう。

そもそもこのおっぱい風呂、なぜできたのかというと、先代のご主人が宿をリニューアルするときに、なにか客寄せになるものはないかとあれこれ考えていて、あるとき寝入りばなにパッと思いついたのが、おっぱいだったのだという。

そこのあなた！
さっきからおっぱいに
見とれてません？

なにを隠そう、ここ松之山温泉の湯はなんと 100 万年前の古代海水が現代に温泉となって湧き出している。しかもジオプレッシャー型温泉という、マグマの熱ではなく地底の圧力で地上に湧き出ている、とっても珍しく貴重な温泉だったりする。だから、「おっぱい」に見とれてる場合じゃないのですぞ！

人が最初に口にするものは母親のおっぱいだ。命の源じゃないか。それに丸いことは、円満などのイメージもあるし縁起もいい。よし！ おっぱいでいこう！ と。ちなみにここ「白川屋」には、おっぱいよりひとまわり小さい「こっぱい風呂」もある。そこでボクは思った。おっぱい風呂、こっぱい風呂ときたら、次は当然デカパイ風呂でしょう。ご主人、どうっすかねぇ、このアイデアは？ お客さんぎょうさん来まっせ！

越後の奇祭 ~小正月行事~
むこ投げ　すみ塗り

お婿さんを崖の上から投げる「むこなげ」や、誰彼ともなく顔に墨を塗り合う「すみ塗り」といった奇祭も、ここ松之山温泉の名物だ。祭りの時期にあわせていくのもいいかもしれない。

おっぱい風《ぶ》呂《ろ》
こっぱい風《ぶ》呂
わーい、おっぱいだ！
おっぱいだ！
こっぱいもあるでよ！
プシュー！
プシュー！
プシュー！

こちらは「おっぱい」よりもひとまわり小さい「こっぱい」だ。「おっぱい」と「こっぱい」は男女入れ替え制なので日帰りの場合は事前の確認をしておこう。

露天風呂もある。え？露天には「おっぱい」がないじゃないかって？ そりゃあ旦那、「おっぱい」だらけじゃ落ち着きませんぜ。

ヘンな
名湯

松之山温泉　白川屋　おっぱい風呂
泉質　ナトリウム・カルシウム - 塩化物泉
住所　新潟県十日町市松之山湯本 55-1
電話　025-596-2003
料金　500 円　宿泊 10,000 円～
営業時間　11:00 ～ 15:00
定休日　無休

女子だって楽しめる！

ヘンな名湯が好きなワタシってヘンですか？

温泉の湯船は人が浸かっていてこそ絵になるというわけで、本書にモデルとしてご協力いただいたボクの湯友の夏目麻子さんはInstagramでジワジワとフォロワーを増やしている自撮り人妻温泉インスタグラマーであり、「ヘンな名湯」に目がない。そこでひとつ「ヘンな名湯」は女子だって楽しめるのだということを彼女に語ってもらった。

わたしは銭湯の娘として生まれたこともあって、もともと銭湯や温泉は大好きなんですけど、かつて横浜の銭湯巡りをしていたときに「朝日湯」の黒湯で源泉の水風呂と加温湯との交互浴にハマっちゃって、それから湯にこだわるようになりましたね。あと、今はもう廃業してしまったんですけど、「星山温泉」っていう廃墟みたいな小屋の中にある温泉があったんです。そこは本当に衝撃的な温泉で、そのあまりのスゴさに脳汁が出ちゃったっていうか、わたしもここに入ってからというもの、もう、普通の温泉では飽き足らなくなってしまって。そう「ヘンな名湯」って中毒性があるんですよ。

この本にも登場している北温泉の「天狗の湯（P54掲載）」なんかは、通路からも丸見えで女子にはかなり難易度が高い混浴湯なんですけど、あの大きな天狗のお面が見下ろす秘宝館めいた怪しい湯にどうしても浸かりたくて、人が来ない夕食時を狙って、なんとか独泉できました。ここでの自撮りはわたしの自撮り活動における自慢の戦利品かな。

ヘンな名湯を体験して脳汁が出たら、しめたもの。ズブズブとハマっていくの。

「ヘンな名湯」はマニアックだから女子

交互浴に目覚めた横浜は生麦の朝日湯。正統派昭和レトロの温泉銭湯だ。（写真右）

目を疑うようなボロ小屋の中にステンレス浴槽がぽつんとあるだけの星山温泉。しかし湯はよかった。廃業が実に惜しまれる。（写真左）

にはハードルが高いように思えるかもしれませんが、混浴じゃないところだってたくさんあるし、それに「ヘンな名湯」はその名のごとく名湯揃いなんですよ。たまたま井戸を掘ったらいい温泉が湧いたとか、自宅用の温泉の湯が評判を呼んだから一般に開放したみたいなパターンの温泉が多いんです。だから「二子浦温泉（P46掲載）」みたいに水産加工会社の温泉だから、湯船が本来なら水揚げした魚を入れるプラスチックのコンテナ水槽だったりして、ご主人にはそのつもりはなかったのだろうけれど、はたから見れば「ヘンな名湯」が生まれちゃうケースもあるんです（笑）。

だから、「ヘンな名湯」って、そのおもしろさも込みで楽しめるんです。そういうヘンなおもしろさを楽しむのに男女はありませんからね。脳汁が出たらしめたもの。後はおのずとどんどんハマっていくと思いますよ。

ヘンな名湯は永遠に不滅なのよ！

NHK の番組でも紹介された夏目さんの Instagram の投稿写真。多重露光で月と混浴しているかのような風流な写真に仕上げている。

●夏目麻子プロフィール

神奈川県藤沢市出身。銭湯「金喜温泉」の長女として生まれる。以来、三つ子の魂百までを地で生きるかのごとく、風呂好き、温泉愛好家として温泉巡りにいそしんでいる。「交互浴の快楽が私の原点」とのこと。多くのフォロワーを持つ温泉インスタグラマーとして Instagram でも温泉情報を発信している。

Instagram アカウント：asa_chang_achako

いったいなにが
どうなるとこうなって
しまうのか？

湯船だって水没することがあると
ボクに教えてくれたチン湯。

ヘンな名湯

庄川湯谷温泉　富山県

もともとは旅館だった「庄川湯谷温泉」。今は無人の入浴施設になっている。でも、ここの湯が実にぶっ飛んでいるのだ。

いったいなにがどうなれば、そうなっちゃうのか？　だってねぇ、湯船が水没しているなんて尋常じゃあないわけで、でも、その尋常じゃあないシチュエーションが、ここ「庄川湯谷温泉」では日常の光景になっていること自体が、やはり尋常じゃあないのである。

元旅館だけあって、建物は昔ながらの温泉旅館の風情があっていい感じだ。無人なので玄関に置いてある籠にお金を入れて中へと入る。長い廊下を抜けていき、さらに階段を降りていくと、いきなり世界は一変してブルーシートの覆われた階段になる。なんでも平成十六年の台風二十三号の被害で建物の一部が流されてしまったとのことで、こうなっているらしいのだけど、後になって思えば、異界への入口みたいで、あのぶっ飛んだ浴室の入口としてこのブルーシートの不思議な空間がちゃんと演出効果を果たしているのだ。その青っぽい空間を抜けると簡素な脱衣所があって、浴室はそこからさらにコンクリの階段を降りていく。すると、いきなり水没した湯船が目に飛び込んでくるのだ！　こんな光景、全国の変わった温泉を巡っているボクもここでしか見たことがない。

　なんでこうなっちゃったのか？　その理由には温泉マニアのココロを揺さぶるものがある。温泉は地底から湧き出すものだけど、多くの場合はその湧き出した温泉をポンプやパイプでその旅館の湯船に引いている。ところがここ「庄川湯谷温泉」は、ポンプなどを使わず地底から湧き出す自噴泉そのままの勢いで湯船に注がれていて、あまりの湧出量ゆえに排水が追いつかないで、こんなふうに水没しているというのだ。

元は旅館だっただけあって、昔ながらの和風旅館の面影を残す庄川湯谷温泉の建物。まさかこの中にあんなチン湯があるなんて、誰が想像できるだろうか。

　そんな湯だからフレッシュな源泉を感じられる素晴らしい浴感だ。湯の温度も39℃で長湯ができる。泡付きもよく素晴らしい。ただ、ひとつ難をいうと浴室が水没しているのでかけ湯をする場所がない。だから、この温泉はかけ湯をしないでそのまま湯にずぼずぼ浸かるという、温泉の基本の中の基本であるマナーを破らなければ浸かれないのである。でも、そのタブーを破るドキドキ感もこの温泉の魅力なのかもしれない。

　そしてもうひとつ。ここの湯、湯口もおもしろい。金属製のバズーカ砲みたいな湯口で、これが手動で上げ下げできるようになっている。だから上に向けるとブシューっとすごい勢いで源泉が吹き出

なかなか立派な建物だけど受付は無人。かごの中に入浴料金を入れれば、勝手に入っていいという仕組みだ。ビールの自販機もあるので湯上がりビールも楽しめる。

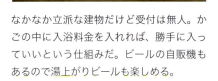

されるのである。で、その湯口の形がよく見ると『チン』なのだ。湯船が水没した珍湯のチンな湯口といったところだろうか。そんな湯口だから男湯では必ずといっていいほどこんな会話が生まれる。チンな湯口から豪快に源泉が吹き出されるその様子を眺めながら「いやぁ、男としてうらやましいですなぁ。うわっはっは」みたいな会話が。そう、知らない者同士が出会っても、そんなコミュニケーションが生まれる温泉でもあるのである。

ブルーシートで覆われた浴室へと下る階段。この不思議な空間の先に、あの目を疑うような水没した湯船がある。驚きの連続なのだ。

庄川湯谷温泉
泉質　ナトリウム・カルシウム - 塩化物泉
住所　富山県砺波市庄川町湯谷 235
電話　0763-82-0646
料金　500 円
営業時間　9:00 ～ 16:00
定休日　木曜日

ヘンな
名湯

浴室全体が水没しているため、かけ湯しないでそのままいくしかない。

おもしろいねぇ。
うらやましいねぇ。

あなたはあなたの意思で
ここに来たのではない。
マネかれてやってきたのであ〜る。

ヘンな名湯♨

永和温泉みそぎの湯　愛知県

温泉とは自分の意志でいくものである。え？　当たり前だって？　でも、世の中、そうじゃない温泉があるのですよ。愛知県は西市にある「永和温泉みそぎの湯」。ここを訪れる人はみんな『招かれてやってきた人』なのだというのだ。本人のあずかり知らないうちに目に見えない不思議な力によって招かれている。なにに招かれているのか？　白装束のマネキン人形である。このマネキンは人をマネく特別なマネキンなのだそうだ。だからここにくる人はみんな、このマネキンに招かれてやってきているのである（たとえ本人がそうじゃない！　といってもだ）。ここの教祖様がそうおっしゃるのだから間違いない。

白装束のマネキンが鎮座するナナメ上のオーラを放つ祭壇。その祭壇の裏に極上湯の温泉があるなんて、いったい誰が思うだろうか。でも、ある。世の中はあなたが思っているよりも不思議に入浴の前に、まずはこの祭壇で二礼二拍手一礼をしてみそぎ料 200 円を払う。謎の白装束のマネキン様を筆頭に、紅白ダルマや琉球人形や洋モノのクラッカーの缶詰なんかが脈絡もなく並んでいる祭壇はツッコミどころ……いや、ありがたさ満載なので、しばし鑑賞しておこう。不覚にも入信したくなってくるかもしれないよ。

満ちているのだ。ここ「永和温泉みそぎの湯」は百人限定（！）の宗教団体のための温泉だ。でも、一般の人にも開放している。その湯をいただくためには二百円のみそぎ料を賽銭箱（手づくりのボール紙の箱）に入れて、ちゃんと二礼二拍手一礼をしなければならない。なんせ、ありがたい神様の湯なのだから。

　二礼二拍手一礼を終えたら祭壇の裏へといこう。青い塩ビの波板でつくられたバラック小屋がある。賛否は分かれるだろうが、ヘンな温泉好きであれば、間違いなく胸が揺さぶられるはずだ。だが、それは序の口である。まずはそこらへんにベタベタと貼ってあるいろんな貼り紙を楽しんで、それから服を脱いで浴室へといこう。えええ？　これ、お風呂なの⁉　ちょっとした（ちょっとじゃないかも）衝撃が走るだろう。だって、目の前にあるのは確かに湯がはられているようだけれども、どうみてもなにかの稚魚かなんかを養殖しているような養殖水槽にしか見えないのだから。でも、その驚きをグッとこらえて湯に浸かってみてください。ツルスベ感のある、すばらしい浴感のモール泉。加温加水なしの源泉かけ流し。え？　いい湯じゃないですか！

　と感動することうけあいなのだ。そんなナイスな「永和温泉みそぎの湯」に浸かりながらあなたはきっと思うことだろう。こんないい湯に思わず巡り会うなんて、やっぱりこれは、あのマネキンに招かれたからかもしれない、と。

祭壇の裏に現れるバラック小屋。これが永和温泉みそぎの湯の湯小屋だ。ベタベタ貼ってある貼り紙もいろんな意味でおもしろいので要チェックだ。

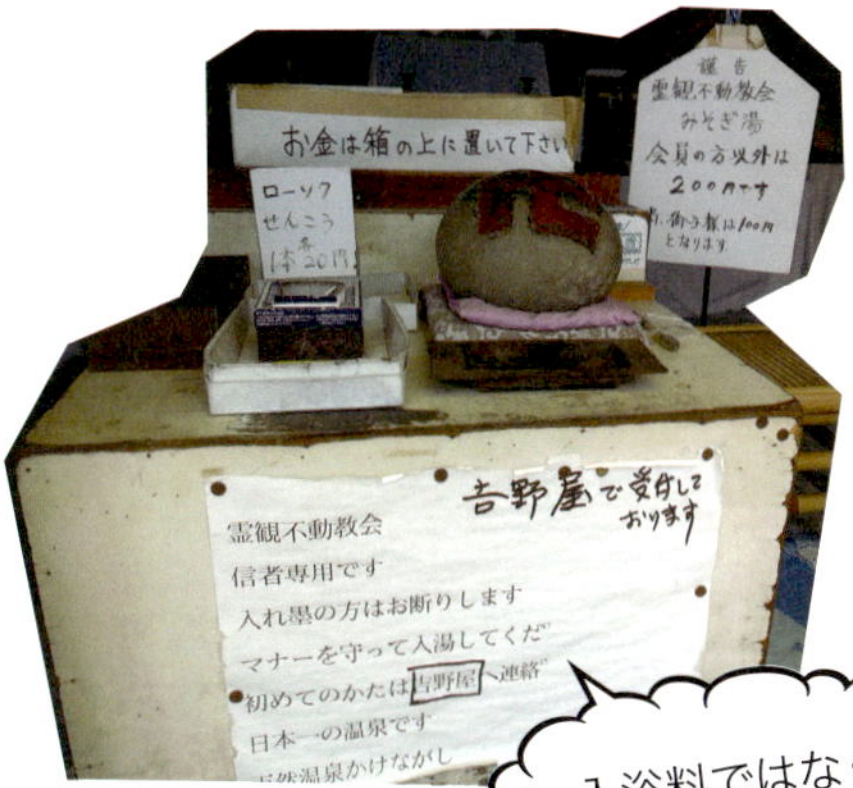

なにかの稚魚の養殖水槽にしか見えない湯船。さすがは神の湯である。普通じゃないのだ。

ヘンな名湯 ♨

永和温泉みそぎの湯

泉質　ナトリウム - 炭酸水素塩・塩化物泉

住所　愛知県愛西市大井町浦田面 686

電話　0567-31-0146（吉野屋）

料金　一般 200 円

営業時間　7：00 ～ 21：30

定休日　無休

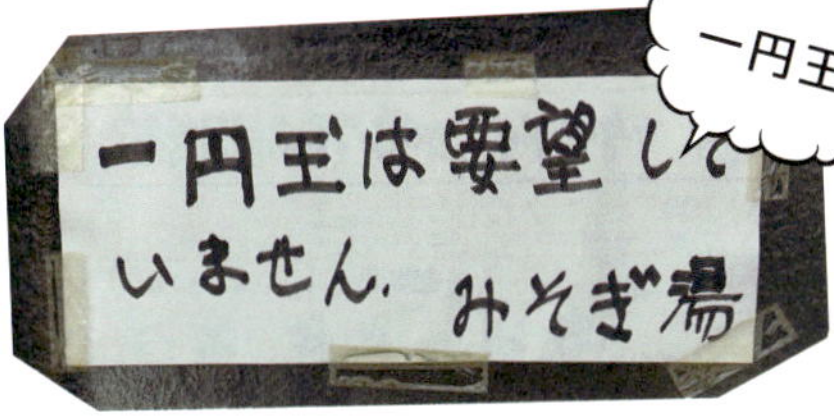

木曽岬温泉
木曽岬温泉
木曽岬温泉
いらっしゃいませ
かけ流し
天然温泉
天然温泉
いま話題の天然温泉
ゴールデンランド 木曽岬温泉
美人の湯 大浴場
ジャリサウナ
駐車禁止

在りし日の昭和が、今そこにあるシアワセを噛みしめよう。

ヘンな名湯♨

ゴールデンランド木曽岬温泉 三重県

いったい今、どのくらいの人に通じるのだろうか？ もしもあなたが、ねえ、今からヘルスセンターにいかない？って誘われたら、あなたの頭にはなにが浮かびます？ 昔はあったんです。そういう場所が。農協のおじさんやおばさんの団体がバスで乗りつけて、温泉入って、演歌ショーを楽しみながらドンチャン騒ぎする、みたいな場所がね。

50人ぐらい入れそうな広い湯船を毎分 900 リットルの湧出量を誇る木曽岬温泉の源泉が満たす。
戦国武将にでもなった気分で城を眺めながらゆったりと湯に浸かろうではないか。

ところが三重県にそのヘルスセンターがまだあるのだ。生きた化石シーラカンス発見！ みたいな感じに、ド昭和な姿そのままにある。その名も「ゴールデンランド木曽岬温泉」。ね？ 名前からしてすでに昭和感満載でしょ？

しかし、ここの湯はスゴいのだ。ひとつは湯の量と質。「ゴールデンランド木曽岬温泉」の湯船はかなり大きい。そんな湯船を源泉かけ流しで、いつも満たしている豊富な量の源泉が湧いている。なんと1分間に900リットル！ 湯は熱めで、ツルスベ感のあるいい浴感だ。いやぁ、B級スポットとしては期待していたけれど、まさかこんなにいい湯だとは思わなかった。そしてなによりもこのシチュエーションにもグッとくる。いったいあの城はなんなんだ!? この「ヘンな名湯」で取り上げた温泉は「なぜボーリングのピンなのか？」「なぜピラミッドなのか？」と、いろいろ疑問を投げかけ

「マッサージコーナー」ではなく「マツサージコーナ」なところが、おおらかな昭和だ。ここが現役で使われているのかどうかは、謎だった。

ステージ付き大広間。これぞ昭和のヘルスセンターだ！ 演歌ショーがはじまるよ！

指宿の砂風呂をパクったという砂利風呂。気持ちいいんですよぉ、これ。常連さんにはこっちのほうが人気なのである。

てくるけれど、ここでもまた「なぜ城なのか？」と思わざるをえない。まぁ、でも、こんな広々とした極上湯に浸かりながら、城を眺めるというのも、悪くはない。これから湖の対岸にそびえる城を攻め落とす戦国武将にでもなった気分だ。だってねぇ、まさか昭和なヘルスセンターでそんな気分になれるとは思いもしなかったわけで。

　そして見どころはまだまだいっぱいある。なんてったってここは生きた化石シーラカンスなのだ。いったい何百人が座れるのだろうか？ 演歌ショーが繰り広げられる圧巻の大広間。見たことも聞いたこともない演歌歌手のポスターがベタベタと貼られ、マッサージコーナーには堂々と「マッサージコーナ」と書かれ、そうそう、いい忘れたけれども、建物の入り口には「今話題の天然温泉ゴールデンランド木曽岬温泉」なんて書かれてあるところにもシビれるし。ぜひとも湯上りにでも館内や建物のまわりをうろうろしてみてほしい。あ、それと、ここの名物ジャリ風呂も忘れずに体験しよう。マジとっても気持ちいいから。ここの女将さんいわく、あれはね～指宿の砂風呂のパクリよ、でもジャリのほうが気持ちいいのよ～とのことだ。ぜひぜひご体験を。

いいなぁ、昭和な世界は。

ゴールデンランド木曽岬温泉
泉質　単純温泉
住所　三重県桑名郡木曽岬町大字源緑輪中 774
電話　0567－68－1131
料金　600 円
営業時間　10：00～20：00
定休日　水曜日

え？ なに？ なに？
なにが起きているの？

アッチッチ！アッチッチ！って、郷ひろみじゃないんだからさぁ！

ヘンな名湯♨

博多温泉　元祖元湯　福岡県

　熱い湯の温泉は珍しくはない。でも、その熱い湯が襲いかかってくる温泉は珍しいだろう。そもそもなんで襲われなくてはならないのか？

博多といえば知らない人はいない有名な地名だけど、でも博多温泉って聞いてピンとくる人はほとんどいないだろう。なにそれ、博多駅の近くにあるスーパー銭湯かな？　と、せいぜいそんな感じだと思う。

　福岡は西鉄の井尻駅。そこからてくてく十五分ほど歩くとそれはある。でも、一見普通の民家が建ち並ぶだけの住宅地なのだ。でも、よく見ると「元祖博多温泉元湯」という看板をかかげている民家みたいな建物がある。それが「博多温泉元祖元湯」だ。なんでもたまたま井戸を掘ったら温泉が湧いたらしく、お地蔵様がそばにあったことから、お地蔵様が授けてくれた温泉として尊ばれているとのこと。いや、ここら辺の地元の人のみが知るありがたい温泉というわけですな。愛想のいい女将さんに入浴料を払って中へ入ると、青い塩ビの波板でつくった手づくり感が満載な浴室。民家みたいな建物の中にこんなに浴室があるなんて、なかなか意表を突いた温泉だ。湯船は大人が三人入ればいっぱいな感じの岩風呂

手づくり感が愛おしい青い波板で囲まれた湯船。大人２人でいっぱいになるような、こぢんまりとした大きさ。だから逆に逃げ場がない。

ふうのこぢんまりとした湯船。さっそくかけ湯をしようと、まずはどのくらいの湯温かと湯に手を入れてみたら、熱！！！　むむむ。かわいい湯船でありながら、お主、やるではないか。なんとか、かけ湯で身体を慣らして湯に浸かると、熱いながらもさっぱりとしたいい浴感だ。身体がたちまち温まってくる。くぅ～！

　かなり熱い湯なので（なんせ49℃の源泉を加水無しでかけ流しなんで…）湯船を何回か出たり入ったりしながらしていたら、いきなりだった。ガッターン！　ゴボボボボボボブシュー！！！！！

すごい音がしたかと思うと、源泉をかけ流しているパイプから源泉が激しく吹き出し激しいしぶきを上げはじめた。こぢんまりとした湯船なのだ。当然そのしぶきはこちらに襲いかかってくる。熱！熱！熱！　なんじゃこれは！　しかしなおもゴボボボボボボシュー！！！！！ブシュー！！！！！　と、容赦がないのだ。どうやら定期的にそれは起こるようである。う～む、やるじゃないか。

　いや、でも、なかなか刺激的で楽しかった。実に博多っぽくていいじゃないか（なにが博多っぽいのかいってる自分もよくわからんけど）。東京へ帰ってからも風呂なんかに入っているときにしばらくはボクの耳の中で、あのガッターン！　ゴボボボボボボボブシュー！！！！！　という音がフラッシュバックしたものだった。

それは前兆もなしにいきなり起きた！

お地蔵様のそばに井戸を掘ったところ温泉が湧き出したという由来が入り口の看板に書かれてあった。

激アツ湯で足の先まで真っ赤に。でも、身体がシャキンとする、とてもいい湯だった。

ゴボボボボブシュー！これが博多温泉名物なのさ！

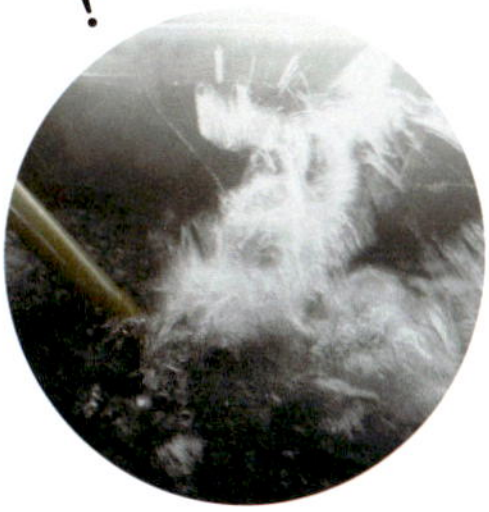

ヘンな名湯♨

博多温泉　元祖元湯
泉質　ナトリウム・カルシウム一塩化物泉
住所　福岡県福岡市南区横手 3-6-18
電話　092-591-6713
料金　13:00 ～ 17:00　600 円
　　　15:00 ～ 17:00　500 円
　　　16:00 ～ 17:30　400 円
営業時間　13:00 ～ 18:00
　　　（17:30までに入湯）
定休日　木曜日

お食事処 赤

まず、とにかく黄色い。なんでこんなに黄色いのか？　同じ敷地内にある系列の食堂は真っ黄色。なぜかそこに立っている黄色いキリン。その奥に見える浴場は上半分が黄色いテント張り。黄色が好きとかいうレベルではなく、なにかの事情で黄色に取り憑かれているのではないだろうか。そう思わずにはいられない。

浴場の中に入ると外の光が黄色いテントを透かして入ってくるので、空間全体が黄色味がかっている。第一印象、うわぁ黄色いなぁ！　って感じだ。まさか中へ入ってもなお黄色に圧倒されるとは思わなかった。通路も脱衣所も湯船も洗い場も一体化したけっこう大きな空間。なぜ

黄色い世界の、大音量演歌ゆるゆるワールド温泉。

ヘンな名湯

赤松温泉　大分県

だか通路には金魚やメダカが泳ぐコンテナがいくつもならんでいる。中には高価そうなランチュウみたいな金魚もいる。そして、そんな大きな空間に大音量のど演歌が鳴り響いている。いや、ホント、けっこうな音量だ。なんていうか、空間がど演歌で濃密に満たされている感じなのだ。黄色いしど演歌だし金魚もいるし、スゴいな、ここは。それが第一印象。

　岩風呂風の湯船は五つに仕切られていて、水風呂から熱めの湯まで、それぞれ違う温度の湯がはられている。湯はほんのり硫黄が香って浴感はツルツルぬるぬるのアルカリ感のあるいい湯。これは長湯できる湯だ。なによりも天井が高い大空間なので、湯に浸かっていて開放感があって気持ちいい。いや、ほとんど露天風呂だね。大きな黄色い空の露天風呂。

　しばらくのんびりと湯に浸かっていると、大音量の演歌に混じって小鳥のさえずりが聴こえてくることに気がついた。

さっきまでガハハと笑っていたのにカメラ向けると直立不動のポーズをとる赤松温泉のご主人。なんかかわいい。

大音量の演歌を聴きながらほんのり硫黄が香る浴感のいい湯に浸かっていると、そのゆるさにココロもカラダもふにゃふにゃになる。

え？　なぜこんなところで小鳥のさえずりが？　だって今、湯に浸かっているんだからさ。と、さえずりが聴こえるほうに目をやると、なんと鳥かごがいくつもならんでいて、そこからさえずりが聴こえていた。う〜ん、金魚もいれば小鳥もいる。入り口には謎のキリンもいたしな。ゆるい。なんなんだろう、このたまらないゆるゆる感は。なんか、ここの湯に浸かっていると、湯の心地よさと、脱力感ハンパない大音量のど演歌と、ことりのさえずり、そしてこの開放感いっぱいの黄色い大空間がかもし出す『なにか』にやられて、もう世の中のことなんかどうだってよくなってくる。いや、いいなぁ、このゆるさ。クセになってくるゆるさだと、ボクはふにゃふにゃになりながら思うのであった。

おれ用です
おれのだぜ！
1026
ヘンな名湯

赤松温泉

赤松温泉
泉質　単純温泉
住所　大分県速見郡日出町藤原 6371
電話　0977-72-8310
料金　300 円
営業時間　10:00 ～ 21:00
定休日　不定休

建物の上部が黄色のテント張りの赤松温泉。黄色に赤い温泉マークがなんともキャッチーで中に入ってみたくなる。建物に近づくとワンちゃんが激しく吠えてくる。するとそれを合図のようにご主人が出てきた。そういうシステムなのだろうか？

気分は露天風呂に
浸かっているのと
ほとんど変わりませ〜ん！

ヘンな名湯♨

ほったらかされた建設現場と思いきや！

明礬温泉　別府温泉保養ランド　大分県

鉄輪温泉のみゆき食堂で名物の別府冷麺を食べている時のことだった。食堂のおっちゃんがやけにニコニコしながら唐突に訊いてきたのだ。

「これからどこいくの？」

「あ、これから別府へ」と答えようとしたら、その前にたたみ込むようにおっちゃんがいったのだ。「すっごい、おすすめの温泉があるんよ。すっごいんだからさ、ホントに！」。「え？　それはどんな温泉なんですか？」とボク。おっちゃん「それはいえないなぁ。まぁ、いけばわかるからさ。絶対おもしろいからさ！」

というわけで予定を変更して明礬温泉へと向かった。ポケットにおっちゃんが描いてくれたヘタクソな手書きの地図を忍ばせて。で、たどり着いたのは「別府温泉保養ランド」という建物。温泉施設というよりは昭和の病院か市役所って感じだ。しかし中へ入ると確かに温泉施設

のようだ。案内を見ると「コロイド湯」「泥湯」「滝湯」「むし湯」「露天風呂」といろいろあって楽しそうだ。まずは順番に巡ってみようか。

度肝を抜かれたのは二番目の「泥湯」だった。「泥湯入口」と案内板のある地下への階段（そこここに泥がこびりついている…）を降りていくと、なぬ！　木材がはりめぐらされた妙な空間が現れた。ブルーシートなんかも貼ってなんだか途中で放棄された建設現場に泥水がたまっているような。え？　こ、これ、温泉なんすか？

恐る恐る湯に浸かってみたら、あたりに木材がはりめぐらされている意味がすぐわかった。泥で湯船の底がやたら滑りやすいのだ。つかまり歩きしないと滑って泥湯の中にゴボゴボっと転倒してしまいそうだ。湯はピリピリ感がある刺激的で濃厚な湯。それもそのはず、成分が強すぎるとのことで「小学生以下の入浴は不可！」の注意書きなんかがある。いやぁ、スゴいなここは、おっちゃんのいっていたことは、これのことかと納得。

しかしその後、それがまだ序の口だったと思い知る。露天風呂にいったら、巨大な泥湯の露天があった。これ、全部泥湯なんだ！　さらに奥にちょっと小ぶりの露天風呂があったのでいってみると、もっと濃厚な泥湯があった。そのグレーの濃厚な泥湯に浸かっていると、なにか身体の奥底の野生が目覚めていくような感じがあった。思わずボクは「おっちゃん、これだね。うん、うん、たしかにすごい温泉だったよ！」心の中でみゆき食堂のおっちゃんにお礼をのべた。

おっちゃん、ありがとう。

畳敷きの休憩室も大きい。大の字になろう。

病院か市役所か？　そんな感じの外観だけど、中へ入ると泥湯温泉ワールドがあなたを待っている！

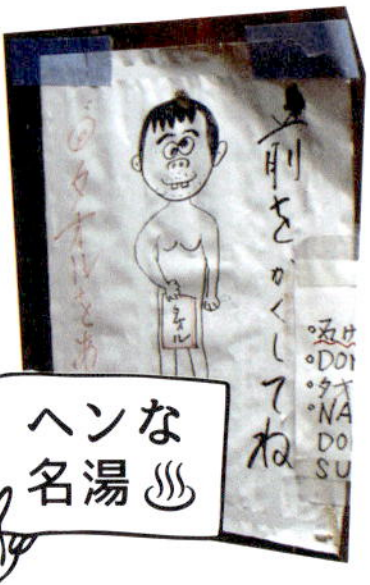

ヘンな名湯♨

泥湯で目覚めよ！オイラの野生！

この地下への階段を降りていくと、ほったらかされた建築現場のような泥湯があるのだ。

明礬温泉　別府温泉保養ランド
泉質　酸性明緑礬泉、硫黄泉
住所　大分県別府市明礬5
電話　0977-66-2221
料金　1100円
営業時間　9:00～20:00
定休日　年中無休

何人入れるんだろう？
圧巻の泥湯露天風呂！

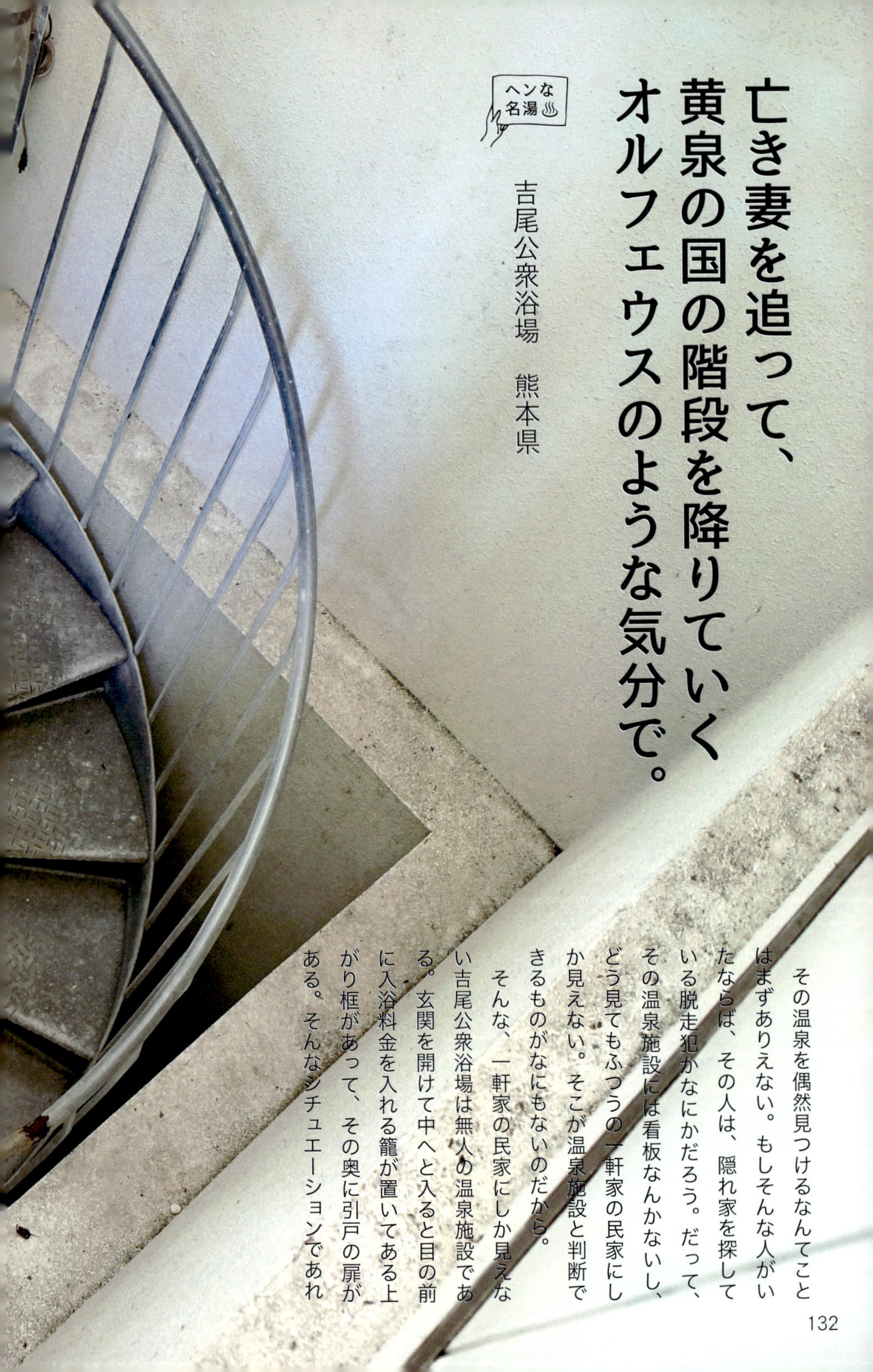

ヘンな名湯

亡き妻を追って、黄泉の国の階段を降りていくオルフェウスのような気分で。

吉尾公衆浴場　熊本県

その温泉を偶然見つけるなんてことはまずありえない。もしそんな人がいたならば、その人は、隠れ家を探している脱走犯かなにかだろう。だって、その温泉施設には看板なんかないし、どう見てもふつうの一軒家の民家にしか見えない。そこが温泉施設と判断できるものがなにもないのだから。

そんな、一軒家の民家にしか見えない吉尾公衆浴場は無人の温泉施設である。玄関を開けて中へと入ると目の前に入浴料金を入れる籠が置いてある上がり框があって、その奥に引戸の扉がある。そんなシチュエーションであれ

民家にしか見えない外観。看板もなし。ホントに温泉あるのかい？

中に入るとこんな感じ。でも温泉は扉の向こうじゃないからね。

そう、この暗い地下に下る怪しげな螺旋階段を降りていってね。

ば、誰もが目の前の引戸を開けて中へと入ろうとするはずだ。しかしそれは正解ではない。右側を向いてほしい。暗闇へと降りていく鉄の螺旋階段がある。そこを降りていくのだ。そうはいってもけっこう不気味なものがある。誰もいない無人の施設の暗闇へと降りていく重々しい鉄の螺旋階段だ。気分はもう黄泉の国へと降りていくオルフェウスだ。本当に温泉があるのだろうか？

　ちゃんとあるのである。地下へと降りると電気のスイッチがある。それを点けると壁に下手くそな字で「男」「女」と書いてある。なるほど、と、納得して男湯の方へ入っていくと、ものすごい簡素な脱衣スペースがある。人の気配を感じて、けっこう大きめの蜘蛛が物陰にカサカサカサッと隠れる。脱衣をそそくさと済ませて、浴室へ行くとガランとしたコンクリづくりの飾りっ気ゼロな空間。かろうじて床がタイル張りというところが浴

ポコッボコッと源泉が地下から湧き上がる音を聴きながら…

静かに湯に浸かっていると
いつしか胎内回帰の
ような不思議な感覚に。

室っぽい。そんなところに大人が二人入れば、いっぱいになるようなこぢんまりとした湯船がある。天井が高めの外から遮断された空間に源泉が地下から湧き上がってくるポコッポコッという音が不思議に反響していく。そう、ここは湯船の底から源泉が湧き上がってくる足元湧出温泉なのである。湯船の中にはちょうど湯に浸かりながら腰掛けるのにいい石板があって、源泉はその下から湧き上がってくる。ほんのりと硫黄の香る透明な湯。

ぬるめで、湯船も小さいから源泉のフレッシュさもより感じられる。しばらく長湯をしていると、この外から遮断された不思議な空間がなんとも心地よくなってくる。胎内回帰して羊水にでも浸かっているかのような。だってねぇ、まさかねぇ、誰が見ても一軒家にしか見えない建物の、暗い不気味な螺旋階段を降りたところに、こんな極上湯があるなんて。いや、この超穴場感、浮世離れ感はなかなか得られるものではないですよ。こんな温泉を体験しちゃうと、もう普通の温泉には戻れない、戻りたくないと思ってしまうのだ。ポコッポコッと心地よい音がなおも心地よく鳴り響く。ああ、いつまでもこうしていたい。

建物を下から見ると浴室がある部分が、なにげに布袋様のお腹みたいで、それなら胎内回帰っていう感覚もあながち間違いじゃないかも。なんてことを思ってしまうのである。

階段を降りていくと、「男」「女」の手書きの表示が。このゆるさ。グッとくるなぁ。（写真下）

ヘンな名湯

吉尾公衆浴場
泉質　単純温泉
住所　熊本県葦北郡芦北町大字吉尾 24-3
電話　なし
料金　170 円
営業時間　7:00 ～ 19:00
定休日　無休

とっくに廃業したと
ウワサされるコテコテ温泉。

ヘンな
名湯

まさかり温泉公園　テイエム牧場温泉　鹿児島県

競馬ファンなら誰もが知っている伝説の名馬テイエムオペラオー。そのテイエムオペラオーのオーナーが開いた競走馬の生産牧場が鹿児島のテイエム牧場である。で、この牧場を開くとき、馬を洗うための井戸を掘ったら温泉が出てきたというのだ。だから、温泉の名前は「テイエム牧場温泉」。今は牧場はやっていないようで牧場という名前だけが残っている。さて、そんな「テイエム牧場温泉」だけど、ここはちゃんと営業しているのにもかかわらず、ネットでは廃業したという情報が飛び交っているのだ。なぜか？「テイエム牧場温泉」は鹿児島湾沿いを走る幹線道路沿いにあるのだけど、「天然自噴温泉」とうたった道路沿

いの関連の建物が廃墟と化しているからだ。誰が見ても絶対営業しているとは思えない。というわけでいつしかネットでは「廃業した」という噂がひとり歩きしているというわけだ。でも、それはガセネタ。実はその廃墟になった建物の脇に海岸へと下る道があってその先でちゃんと営業している。いや、でもねぇ、そうであるなら、せめて看板かなにか出しておけばいいのにねぇ。おおらかというか、欲がないというか。まぁ、廃業の噂のひとり歩きは今後も確実に増えていくことだけは間違いなさそうだなぁ。

　そのおかげかどうかはわからないけれども、ここ「テイエム牧場温泉」は極上湯の温泉なのに空いている。極上湯を独泉で独り占めできちゃったりもするのだ。そう、「テイエム牧場温泉」の湯は濃厚でありながら長湯ができる素晴らしい湯なのである。それは、ここの湯船を見れば一発でわかる。なんてったって湯船がほとんど温泉の析出物でコテッコテにコーティングされていてすごい状態になっているのだから。そしてここもまた手づくり&B級感満載な浴室なのである。ていうか、手づくり感満載でここまでの大きさの温泉はなかなかないと思う。そうビッグな手づくり感！　そんなある意味異空間の中でゆったりと浸かる黄金色の湯は、炭酸系の湯でジワジワと身体を癒やしてくれる。ネットでは廃業したと噂されている温泉に昼間っからひとりで独泉しているっていうのも、なんかひとり得をしているみたいで悪くない気分なのだ。

湯船全体が析出物でコーティングされている（写真上）。パイプもすぐにこんな状態になってしまう（写真下）。

絶品ラーメンも近くにあるよ！

ちゃんと
やってますよ！

廃墟と化した建物の脇道をいくとテイエム牧場温泉の受付がある。せめて「営業中」の看板ぐらい出せばいいのにと、老婆心ながら思わずにはいられない。

テイエム牧場温泉（まさかり温泉）
泉質　炭酸水素塩泉（低張性、中性、高温泉）
住所　鹿児島県垂水市新城 4453-1
電話　0994-35-3520
料金　330 円
営業時間　11:00 ～ 19:00
定休日　元旦

ヘンな
名湯

本当に廃業なんか
しちゃあ、いやよん。

ミキーの、ヘンな名湯。いかがでしたか?

世の中には『同じ釜の飯を食う』なんて言葉があるけれども、『同じヘンな名湯に入った仲』なんていうのがあってもいいのではないだろうか。いや、それというのも、ヘンな名湯に入った者同士には、ちょっとした共犯意識みたいな絆がめばえちゃうんですね、これがまた。なんていうか、同じ『ヘン』を味わい、ヘンでありながら実は名湯だったという事実を知った、そんな得したような気分を共有した仲なのだから。普通の温泉じゃあ、そういう気持ちは生まれない。このケッタイな温泉本を読んで、ひとりでも多くの温泉愛好家のみなさんが、そういう気持ちになってもらって、ひそかにほくそ笑んでもらいたいというのがボクの願いだったりします。

そしてまた、温泉をいろんな切り口で楽しんでもらえたらというのも、この本に込めた思いだったりします。湯はもちろんのこと、その温泉にしかない個性、ロケーション、成り立ち、ユニークなオーラ等々、あるいはそこで働いている人や地元の常連さんとのふれあいなど。とくに「ヘンな名湯」の場合は、そういうところがとても楽しめるはずだから。もしも、あなたがブログやＳＮＳをやっていたりするなら、「ヘンな名湯」のおもしろさをどんどん情報発信して盛り上げてほしい。そうすることが「ヘンな名湯」の応援にもなるのだから。

最後に「ヘンな名湯」を脊髄反射的におもしろがって、このような本にしていただいた、みらいパブリッシングの松崎社長、ありがとうございました！　そして、なによりもみなさん、読んでいただきましてありがとうございました！

ひなびた温泉研究所
ショチョー　岩本　薫

続編が出ますよ！

え〜、みなさんに紹介したい「ヘンな名湯」、
実をいうとはまだまだいっぱいあるんです。
さすがは温泉大国ニッポン。
フトコロが深いですよね。
というわけで秋頃に出します。
「続・ヘンな名湯」を！
そのためにショチョーは

ただいま日本全国東へ西へ
「ヘンな名湯」を追いかけて
絶賛取材中！
どこかで見かけたら
お気軽に声を
かけてくださいね。

ショチョー！その湯船、なにかに似てるんですけど！

ヘンな名湯

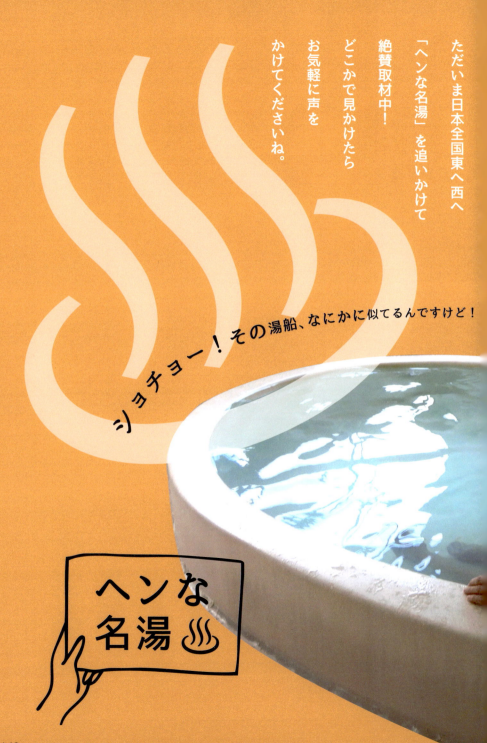

岩本 薫（いわもと・かおる）

ひなびた温泉研究所ショチョー

1963年東京生まれ。本業のコピーライターのかたわら、webマガジン「ひなびた温泉研究所」を運営。日本全国のひなびた温泉をめぐって取材をしている。ひなびた温泉研究所ショチョーとしてBS日テレ「中川翔子のマニア☆まにある」、TVK「サタミンエイト」、文化放送「くにまるジャパン／おもしろ人間国宝」、TBSラジオ「安住紳一郎の日曜天国」等に出演。著書「しみじみシビレる！名湯50泉　ひなびた温泉パラダイス」（山と溪谷社）「戦国武将が愛した名湯・秘湯」（マイナビ出版）
ブログマガジン「ひなびた温泉研究所」http://hina-ken.com/
Instagram アカウント：hinabita_onsen555

ヘンな名《めい》湯《とう》

2019年5月30日　初版第1刷
2020年1月22日　初版第2刷

著　者　岩本 薫

発行人　松崎義行
発　行　みらいパブリッシング
〒166-0003 東京都杉並区高円寺南4-26-12 福丸ビル6階
TEL03-5913-8611　FAX03-5913-8011
写　真　岩本 薫・夏目麻子
発　売　星雲社（共同出版社・流通責任出版社）
〒112-0005 東京都文京区水道1-3-30
TEL03-3868-3275　FAX03-3868-6588
印刷・製本　株式会社上野印刷所

ISBN978-4-434-26073-5 C0076

掲載の情報は発行時現在のものです。参考程度にごらんください。予告なく変更されたり、廃業や営業が休止されることもありますので、ご利用時にはなんらかの方法でご確認されることを強くおすすめします。また著者のウェブサイトも、ぜひ併せてごらんください。